# YANGI AVLOD SADOSI

O'zbekiston yoshlarining ilmiy va ijodiy ishlari to'plami

Tashkilotchi va muharrir:
**Charos Uralova**

© Charos Uralova
**Yangi Avlod Sadosi** *(Antalogiya)*
by: Charos Uralova
Edition: May '2025
Publisher:
*Taemeer Publications LLC* (Michigan, USA / Hyderabad, India)

© Charos Uralova

| | | |
|---|---|---|
| Book | : | **Yangi Avlod Sadosi** *(Antologiya)* |
| Editor | : | Charos Uralova |
| Publisher | : | Taemeer Publications |
| Year | : | '2025 |
| Pages | : | 206 |
| Title Design | : | *Taemeer Web Design* |

**Yangi avlod sadosi** - O'zbekiston iste'dodli yoshlarining ilmiy va ijodiy ishlari to'plami bo'lib, bu to'plamda yosh ijodkorlarning hikoyalari, she'rlari va maqolalari jamlangan. Ijod — insonning yangi moddiy va ma'naviy ne'matlar yaratish faoliyati. Unda inson tafakkuri, xotirasi, tasavvuri, diqqati, irodasi faol ishtirok etadi, butun bilimi, tajribasi, iste'dodi namoyon bo'ladi. O'zbekistonda bunday qobiliyatga ega ijodkorlar, yosh olim-olimalar son-sanoqsiz. Ushbu to'plam shu iste'dodli yoshlaridan ayrimlarini dunyoga tanitishni maqsad qiladi.

**Uralova Charos G'anisher qizi** 1999-yil 11-iyunda Qashqadaryo viloyati Qarshi shahrida tug'ilgan. 2018-yil Samarqand davlat chet tillari institutiga davlat granti asosida o'qishga qabul qilingan. 2022-yilda SamDCHTI Ingliz filologiyasi va tarjimashunoslik fakultetini bitirib, Jahon iqtisodiyoti va diplomatiya universiteti Xalqaro munosabatlar fakulteti magistratura bosqichiga ham davlat granti asosida o'qishga kirdi. Ko'plab Xalqaro va Respublika tanlovlari g'olibasi, konferensiyalar ishtirokchisidir. 70 dan ortiq ilmiy maqolalari va 10 dan ortiq kitoblari dunyo bo'ylab nashr qilingan. 2022-yilda "O'zbekistonning eng faol 100 talabasi" tanlovida g'olib bo'lgan, Arxiv shaxslarga kiritilgan. Bir qancha loyihalari patentlangan. O'zbek, rus, ingliz, turk, nemis tillarini biladi. "Ispan-rus-ingliz tematik lug'at" mobil ilovasiga dasturiy mualliflik huquqi berilgan. Turizmni rivojlanish Davlat Qo'mitasidan guvohnomaga ega, sayyohlarga gid sifatida ham faoliyat yuritgan. Xalqaro tashkilotlar a'zosi va elchisi. Hozirda PhD darajasi uchun ilmiy ish qilmoqda. Charos Uralova ushbu antalogiya tashkilotchisi.

\*\*\*\*\*\*

**Tuychiyeva Zulfizar Boxodir qizi** 29-iyul 2004 yil tug'ilgan. Chirchiq Davlat Pedagogika Universiteti Maktabgacha ta'lim fakulteti 2-bosqich talabasi.

**Maktabgacha yoshdagi bolalarni rivojlantirishda idrok va tasavvurning o'rni**

Chirchiq Davlat Pedagogika Universiteti,
Maktabgacha ta'lim fakulteti,
2-bosqich talabasi,
**Tuychiyeva Zulfizar Boxodir qizi**

**Annotatsiya:** Mazkur maqolada maktabgacha yoshdagi bolalarning rivojlanishida idrok va tasavvurning o'rni yoritilgan. Muallif bola faqat ko'rib, ushlab ko'rgan narsalarnigina emas, balki tasavvur orqali ham o'zlashtirishi kerakligini asoslab beradi. Ertaklar, rolli o'yinlar, rasm chizish va muloqot orqali bolaning ijodiy tafakkurini rivojlantirishga qaratilgan pedagogik yondashuvlar ko'rib chiqiladi. Tasavvur va xayol bolaning fikrlashi, nutqi va ijtimoiy xulq-atvorini shakllantirishda muhim vosita sifatida e'tirof etiladi. Maqolada zamonaviy pedagogika va psixologiyaning asosiy yondashuvlariga tayangan holda amaliy tavsiyalar berilgan.

**Kalit so'zlar:** Maktabgacha ta'lim, idrok, tasavvur, bolalar psixologiyasi, ertak, rolli o'yin, ijodiy fikrlash, pedagogik yondashuv, bolaning rivojlanishi.

Maktabgacha yosh – bu bolaning ruhiy, aqliy, ijtimoiy va jismoniy rivojlanishida eng muhim davrlardan biridir. Bu bosqichda bolaning asosiy bilish manbai idrok, kuzatish va tajriba orqali shakllanadi. Ammo ko'plab pedagogik va psixologik tadqiqotlar shuni ko'rsatmoqdaki, maktabgacha yoshdagi bolalar rivojlanishida faqat ko'rib, eshitib, ushlab turgan narsalarnigina emas, balki tasavvur va xayol orqali o'zlashtirgan bilimlar ham katta ahamiyatga ega. Shu sababli, maktabgacha yoshdagi bolalarni faqat mavjud, ya'ni konkret, moddiy narsalar bilan tanishtirish bilan cheklanmaslik lozim. Ularning tasavvuri va ijodiy fikrlashini rivojlantirish ham muhim o'rin tutadi. Idrok – bola bilish faoliyatining asosi Bola hayotni, atrof-muhitni, insonlarni, narsalarni avval ko'radi, eshitadi, hidlaydi, ushlaydi, ya'ni sezgi a'zolari orqali idrok qiladi. Bu jarayon bolaning ongida tasvirlar, obrazlar hosil bo'lishiga olib keladi. Masalan, bola olmani ko'radi, ushlaydi, uni tatib ko'radi – bu tajriba idrok orqali amalga oshadi va bola "olma" haqida tushunchaga ega bo'ladi. Tarbiyachi yoki ota-ona bolaga olmani ko'rsatib, uning rangini, shaklini, ta'mini tushuntiradi. Bu juda muhim va zarur bosqichdir. Lekin bola faqat shu bilan cheklanib qolsa, uning tafakkuri faollashmaydi.

Tasavvur va xayol – ijodiy fikrlash sari yo'l

Tasavvur – bu odamning ongida real hayotda mavjud bo'lmagan yoki hozirgi paytda mavjud bo'lmagan narsalarni ifodalash qobiliyatidir. Maktabgacha yoshdagi bolalarda tasavvur nihoyatda kuchli bo'ladi. Ular o'zlarining o'yinlarida oddiygina tayoqchani otga, qog'ozni samolyotga aylantirishlari mumkin. Bu oddiy o'yin emas – bu bola tafakkurining, ijodiy yondashuvining, dunyoni o'zicha anglashining mahsulidir.

Shuning uchun bolaga faqat ko'rib turgan narsalarnigina emas, balki hali ko'rmagan, tasavvur qilishi mumkin bo'lgan voqealarni ham tushuntirish kerak. Masalan, quyosh nima? Yoki bulut nima? Qanday qilib yomg'ir yog'adi? Bu kabi savollar bolada tabiiy ravishda paydo bo'ladi va bu savollarga berilgan javoblar bola tasavvurini boyitadi, tafakkurini rivojlantiradi.

Ertaklar va og'zaki ijod – tasavvurni rivojlantirish vositasi

Bolalar ertaklarni juda yaxshi ko'rishadi. Chunki ertaklarda real hayotda bo'lmaydigan, lekin bola tasavvur qilishi mumkin bo'lgan hodisalar, qahramonlar, sehrli voqealar bo'ladi. Masalan, gapiruvchi hayvonlar, uchuvchi gilamlar, mo'jizakor sehrgarlar – bularning barchasi bolaning tasavvurini ishlatishga majbur qiladi. Ertaklar orqali bola yaxshilik va yomonlik, adolat va zulm, jasorat va qo'rqoqlik kabi tushunchalarni anglaydi. Bu esa nafaqat axloqiy tarbiya, balki intellektual rivojlanishga ham xizmat qiladi. Ota-onalar va tarbiyachilar bolalar bilan birgalikda ertak o'qishlari, ularni qayta hikoya qilishlarini so'rashlari, hatto ertakning davomini o'ylab topishlarini so'rashlari mumkin. Bunday mashg'ulotlar orqali bola o'z fikrini mustaqil shakllantirishni, obrazlar yaratishni, voqealar zanjirini tuzishni o'rganadi. Bu esa maktabdagi ta'limga tayyorgarlikning muhim qismidir.

Rolli o'yinlar va dramalashgan mashg'ulotlar
Maktabgacha yoshdagi bolalar uchun rolli o'yinlar – bu hayotiy tajribalarni o'zlashtirish vositasi. Bola do'sti bilan "do'konchi va xaridor", "shifokor va bemor" o'yinlarini o'ynab, hayotiy vaziyatlarni tasvirlaydi. Bunda u real hayotda ko'rgan narsalarga asoslanadi, lekin shu bilan

birga yangi holatlarni ham o'ylab topadi. Bu esa ijodkorlikni, tasavvurni faollashtiradi. Agar tarbiyachi yoki ota-ona bolalarni shunchaki kuzatuvchi emas, balki faol ishtirokchiga aylantirsa, ularning fikrlashi tez rivojlanadi. Misol uchun, bolalarga biror voqeani sahnalashtirish topshirig'i beriladi. Har bir bola o'ziga mos rolni tanlaydi, obrazni yaratadi, voqea rivojini o'ylab topadi. Bu jarayonda u o'z tasavvurini ishga soladi, shaxsiy fikr bildiradi va guruh bilan ishlashni o'rganadi.

Muloqot va til rivoji – tasavvurga turtki

Bolalarning tasavvurini rivojlantirishda tilning o'rni ham beqiyosdir. Bola ko'p eshitgan, ko'p gapirgan sari uning so'z boyligi ortadi, fikrlashi chuqurlashadi. Tasviriy vositalar, metaforalar, taqqoslar orqali bola abstrakt tushunchalarni anglay boshlaydi. Shu bois, bolalar bilan suhbatlashish, savol berish, javob olish, hikoya aytib berish – bularning barchasi tasavvurga xizmat qiladi.

Didaktik materiallar va tasviriy san'at mashg'ulotlari

Bolalar bilan rasm chizish, loydan biror narsa yasash, konstruktorlar bilan ishlash ularning qo'l harakatlarini rivojlantirgani kabi, tasavvurini ham kuchaytiradi. Bola o'z ichki dunyosini tasviriy san'at orqali ifoda etadi. U rasmda o'zining orzusi, qo'rquvi, quvonchi yoki tushunmagan hodisani ifodalashi mumkin. Bunday mashg'ulotlar bolaning ichki olamini anglashga yordam beradi va pedagog uchun ham muhim axborot manbai bo'lib xizmat qiladi.

Xulosa

Maktabgacha yoshdagi bolalarni tarbiyalash va o'qitishda ularning faqat idrok qilish qobiliyatiga tayanib qolmaslik kerak. Albatta, ko'rib turgan narsalar orqali o'rgatish samaralidir, lekin bola shu bilan cheklanishi mumkin. U o'z hayotiy tajribasini kengaytirishi, voqealarni oldindan tasavvur qilishi, o'z xayolini ishlatishi kerak. Bu esa faqat ijodiy yondashuv, o'yin, ertak, rolli faoliyat, rasm chizish kabi mashg'ulotlar orqali amalga oshadi. Bola qancha ko'p tasavvur qilsa, shuncha ko'p o'rganadi. Shuning uchun har bir tarbiyachi va ota-ona bolaning ichki dunyosiga hurmat bilan yondashishi, uning tasavvurini rivojlantirishga imkon yaratishi kerak. Ana shunda maktabga tayyor, mustaqil, ijodiy va fikrlay oladigan shaxs voyaga yetadi.

**Foydalangan adabiyotlar**

Axmedova, N. A. (2018). Maktabgacha ta'lim pedagogikasi. Toshkent: "O'zbekiston" nashriyoti.
To'xtaeva, S. A. (2020). Psixologiya asoslari. Toshkent: Fan va texnologiya.
Vygotskiy, L. S. (1997). Bolalar psixologiyasi. Moskva: Pedagogika. Shodiyev, M. A. (2019). Maktabgacha ta'limda bolalar rivojlanishi va tarbiyasi. Toshkent: O'qituvchi nashriyoti.
G'ulomov, N. va boshqalar (2021). Maktabgacha yoshdagi bolalar bilan o'yin faoliyati. Toshkent: Ilm ziyo.
Davronova, M. R. (2022). "Maktabgacha yoshdagi bolalarda tasavvur va xayolni rivojlantirishda ertaklarning roli" – Pedagogik izlanishlar jurnali, 3(1), 45–50.
Mahkamova, Z. K. (2020). "Maktabgacha yoshdagi bolalarning nutq va tafakkurini rivojlantirish usullari" – Ilmiy-amaliy izlanishlar, 4(2), 33–38.

******

**Usmonova Elinur Keldiyor qizi** - 2005-yil 30-iyul kuni Qashqadaryo viloyati Qamashi tumani Uchtepa qishlog'ida tug'ilgan. Hozirda Toshkent davlat o'zbek tili va adabiyoti universitetida O'zbek tili va adabiyoti yo'nalishi 2-bosqich talabasi.

## MIRZO ULUG'BEK ASARLARINING ADABIY VA TARIXIY AHAMIYATI

*Usmonova Elinur Keldiyor qizi*
*Alisher Navoiy nomidagi Toshkent davlat o'zbek tili va adabiyoti universiteti 2-kurs talabasi*

**Annotatsiya.** Ushbu maqolada temuriylar xonadonidan chiqqan va XV asrda yashab o'tgan yirik tarixshunos va astronom olim Mirzo Ulug'bekning "Ziji jadidi Ko'ragoniy" va "To'rt ulus tarixi" asarlarining adabiyotimizga qo'shgan hissasi va tariximizda tutgan o'rni haqida tahliliy ma'lumotlar o'rin olgan.

**Kalit so'zlar.** Mirzo Ulug'bek, tarixshunos, astronom, "Ziji jadidi Ko'ragoniy", "To'rt ulus tarixi", Samarqand, Chingizxon, Amir Temur.

**Abstract.** Articles from the House of Timurids in

Uchda, and the contribution of the works of the historian and astronomer Mirzo Ulugbek "Zizhi Jadidi Koragoniy" and "The History of Four Nations" to our literature and their place in our history information is available.

**Key words.** Mirzo Ulugbek, historian, astronomer, "Zizhi Jadidi Koragony", "The History of Four Nations", Samarkand, Genghis Khan, Amir Temur.

Sarkarda, davlat arbobi, Mirzo Ulug'bek buyuk olim, ilm-fan, maorif va madaniyat homiysi sifatida tarixda qoldi. Samarqand uning davrida sharqning yirik ilm-fan va madaniyat markazlaridan biriga aylandi. Hatto Mirzo Ulug'bek hikmat va hay'at ilmini xo'b bilur emish. Bir kuni dodxoh kelib yukunurkim: "Mening 3 pora la'lim bor", - derdi. Ro'molchaga bog'lab qo'yib, asal qiladur erdim. Bir xot kelib, ul ro'molchani olib, Samarqand mahallotiga uchib kirdi. Mirzo andin bir yil muhlat tilab, mahallot devonni chorlab buyururlarkim: "Mahallotda har kishikim aning darvoza va havlisi bila qushi, uy quli va dodak, ot, qo'y, miniladigan tuya, oshliq, to'luq va har na ashyosi bo'lsa bitib olib kel, qog'azni Mirzo saqlotun, yil yangi bo'lgach, yana o'sha devonga derkim: " Borib bitikin yusunda yana bir martaba bitib olib kel". Keltirur. Daftarlarni muqobala qilurlar. Birovning ashyosini ko'rarlarkim necha nimada biri o'n bo'lubdur. Mirzo ani taxqiq qilsa munkir bo'la olmay, iqror qilur. Birisini sotgan ermish. Bu o'ch olib anga topshirur.[1]

Mirzo Ulug'bek ikkita yirik asar yozib qoldirdi. Bulardan biri "Ziji jadidi Ko'ragoniy" ({Ulug'bek} Ko'ragoniyning astronomik jadvallari) nomli asari bo'lib, klassik astronomiyaning nazariy va amaliy masalalarini qamrab olgan. "Ziji jadidi Ko'ragoniy" Ulug'bek tevaragiga uyushgan Samarqand munajjimlarining ko'p yillik ilmiy kuzatishlarini jamlagan shoh asar hisoblanadi. U asosan ikki qismdan: nazariy muqaddima, astronomiya hamda geometriyaga oid jadvallardan iboratdir. Muqaddima astronomiyaning nazariy va amaliy masalalariga bag'ishlangan bo'lib, to'rt asosiy qismdan iborat. Birinchisida arablar, yunonlar, eronliklar xitoy va uyg'urlarning sanalari, ushbu sanalarning kelib chiqishi va ularning bir-biridan tafovuti haqida tushuncha beriladi. Ikkinchi qismda yulduzlarning balandligi va ular orasidagi masofa, meridian chiziqlari, shuningdek, uzunlik va kenglikni oʻlchash yoʻllari koʻrsatib berilgan. Uchinchi qism quyosh bilan oyning xarakati, ularning tutilib qolishi, buning sodir boʻlish vaqti va uni aniqlash masalalari haqidadir va nihoyat, toʻrtinchi qismi astronomiyaga bagʻishlangan.[2] "Ziji jadidi Koʻragoniy"ning ikkinchi qismida 1018 zobita yulduzning holati koʻrsatib berilgan. Jadvallar aniqligi va hozirgi hisob-kitobdan juda kam farq qilishi bilan kishini hayratda qoldiradi. "Ulugʻbek Ziji" klassik astronomiyaning ajoyib mahsullaridan biri sifatida Sharq mamlakatlaridagina emas, balki Ovroʻpa va Amerikada ham zoʻr shuhrat topdi.

Mirzo Ulug'bekning ikkinchi asari tarixiy mazmunda boʻlib, unda XIII – XIV asrlarda Moʻgʻul imperiyasi tarkibiga kirgan mamlakatlar ( Moʻgʻuliston, Koshgʻar, Dashti Qipchoq, Yettisuv oʻlkasi, Movarounnahr va h.k ) ning ijtimoiy-siyosiy tarixi qisqa tarzda bayon etilgan. Asar " Ulusi arbai Chingiziy" ( "Chingiziylarning toʻrt ulusi" ), yoki "Tarixi arba ulus" ( "Toʻrt ulus tarixi" ) nomi bilan mashhur bo'lib, 1425-yildan keyin yozilgan. "To'rt ulus tarixi" asari muqaddima va yetti qismdan iboratdir. Muqaddima o'rta asrlarda tarixshunoslar o'rtasida hukm so'rgan an'anaga ko'ra islomiyatdan avval o'tgan payg'ambarlar, turklarning afsonaviy ota-bobolari hisoblangan Yofas ibn Nuh va uning farzandi Turkxon, shuningdek, turk-mo'g'ul qabilalari hamda Chingizxon ( 1206-1227) tarixi bayon etilgan. Asarning birinchi qismi Ulug' yurt, ya'ni Mo'g'uliston va Shimoliy Xiyoy tarixi, Ugadayxon (1227-1241) davrdan to Ariqbug'a (1328) ning avlodi, O'rdoy qoon zamonigacha yuz bergan voqealarni o'z ichiga oladi. Asarning ikkinchi qismida Jo'ji ulusi, ya'ni Oltin O'rda tarixi, Jo'jixon (1227 yili vafot etgan) davridan to Muhammadxon (1419-1420 ikkinchi bor 1427-1433) ning zamonigacha kechgan voqealar bayon etilgan. Uchinchi qism buyuk jahongir Chingizxon tarixining bayoniga bag'ishlangan. Bu bobda eng diqqatga sazovor o'rinlar – Chingizxonning bir qator xonlarni mag'lub qilgani, uning nasl-nasabi, farzandlari, el-ulusga joriy qilgan yasoqlari, ya'ni qonunlari zikri va u o'rnatgan qonunlar tufayli o'g'irlikka barham berilgani, lashkar tuzilishiga oid voqealar bayonidir. Jumladan, lashkar tuzilishi to'g'risida Mirzo Ulug'bek quyidagicha yozadi: "Lashkar tartibi shunday tuzilganki, Odam ato zamonidan bugungi kungacha biror podshohning sipohi turknikidek muyassar bo'lmagan. Sabr-u bardosh shiddatida va ma'lum muddatgacha shokirlikda yashirin va oshkora o'z hokimlariga jonu dildan mahkumlik va mute'lik qilurlar". Sulton Muhammad Xorazmshoh va uning o'g'li Jaloliddin bilan olib borgan jangu-jadallari ham shu bobda qiziqarli tarzda bayon etiladi. To'rtinchi qismda Chingizxon farzandlariga va Qorachor no'yonga davlat ishlari borasida vasiyat etishi voqealari bilan boshlanadi. O'ktoyning taxtga o'tirishi va uning Ulug' yurtdagi podshohligi, O'ktoy, Chig'atoy va Tulixonning Xitoyga lashkar tortishi, u mamlakatni egallab qaytayotganlarida Tulixonning vafot etishi, O'ktoyxondan keyin taxtga o'tirgan Kuyukxon hukmronligi bilan bog'liq voqealar, nihoyat, O'rdoyxon ibn Arig' Temurxon hukmronligigicha bo'lgan hodisalar ham shu bobda hikoya qilinadi. O'ktoydan boshlab O'rdoyxongacha yigirma bir hukmdor tarixi qisqa bayon qilingan. Beshinchi bob - Chingizxonning to'ng'ich o'g'li Jo'ji xon naslidan bo'lgan o'ttiz uch xon zamonida Dashti Qipchoq (hozirgi Qozog'iston, G'arbiy Sibir, Volga bo'yi erlari) tarixiga bag'ishlangan. Voqealar qisqa, Oltin O'rta poytaxti Saroy shahrini qurgan Botuxon (Jo'jining o'g'li), Barakaxon, O'zbek xon, Jonibek kabi hukmdorlar tarixi shu bobdan o'rin olgan. Oltinchi bob - Eron mamlakatida saltanat qurgan o'n ikki podshoh tarixiga oiddir. Saltanatning asoschisi Tulixonning o'g'li Halokuxon bo'lib, u Elxon laqabini olgan edi. Halokuxon tarixiga kitobda kengrov o'rin berilgan. U Eronda o'z saltanatini barpo qilish uchun kurashadi, muruvvatpesha hukmdor sifatida shuhrat qozonadi, mamlakat obodonchiligi yo'lida ko'p ishlar olib boradi. Shu bobdan ayon bo'lishicha, Halokuxon ilm--fan ahliga ko'p rag'bat ko'rsatgan. Jumladan, Halokuxon farmoni bilan Nasriddin Tusiy Tabrizda (Mo'g'ul elxonlarining poytaxti) qurgan rasadxona Halokuxondan qolgan yodgorlikdir. Shu rasadxonada tuzilgan zij "elxoniy" nomi bilan mashhurdir. Ettinchi– oxirgi bob Chig'atoy ulusining Chingizxon zamonidan (1227 yil) Amir Temurning hokimiyat tepasiga kelishi (1370 yil) gacha bo'lgan voqealar hikoya qilinadi. Bu bobda ham diqqatga sazovor voqealar ko'p. Shunday voqealardan biri Mahmud Torobiy boshchiligidagi xalq qoʻzgʻolonidir.[3] Bu asarda Chigʻatoy ulusida hukmronlik qilgan har bir xon haqida qisqacha toʻxtalib, ular davrida sodir boʻlgan eng muhimlarini tilga oladi. Masalan, Sohibqironi aʼzam Chingizxoni muazzam bir kuni oʻgʻillari va xeshlarini jamladi. Tashqaridan bir oʻq chiqarib, uni sindirdi va yana ikki oʻqni olib uni ham sindirdi. Soʻng bittadan oʻqni olaverib, bir qanchasini toʻpladi. Qancha urinmasin ularni sindirolmadi. Ularni hozir boʻlgan kishilarga berdi. Hech kim ularni sindirolmadi. Shu kundan boshlab zoʻravonlar ojiz qoldilar. Keyin oʻgʻillari va xeshlariga qarab dedi: "Bu oʻqlar misli sizlarning har biringiz. Agar sizlar ham ittifoq, bir-biringizga suyanchiq boʻlsangiz, hech kimning qoʻli sizlardan ustun kela olmaydi va yenga olmaydi". Shunday ekan, Chingizxon "Kuch birlikda" ifodasining amalda boʻlish tarafdorlaridan boʻlgan. Chunki hukumat tepasida adolatlilik hukm sursa, albatta, yurt farovon va ravnaq topadi.

Xulosa qilib aytganda, Mirzo Ulugʻbekning asarlarining adabiy va tarixiy ahamiyati oʻziga xos oʻrin tutadi. Uning asarlari nafaqat ilmiy ahamiyatga ega, balki adabiy jihatdan ham qimmatlidir. Ulug'bekning ilmiy faoliyati va uning shaxsi o'zbek xalqi uchun milliy g'urur manbai hisoblanadi.

**Foydalanilgan adabiyotlar**
1.B.To'rayev. "Muhammad Tarag'ay Mirzo Ulug'bek". Toshkent. "Navro'z" 2018. 23-bet.
2.B.Ahmedov. "O'zbekistonning atoqli tarixshunos olimlari". Toshkent. "Cho'lpon" 2003. 41-bet.
3.N.Rahmonov. "O'zbek mumtoz adabiyoti tarixi". Toshkent. 2014. 226-bet.

\*\*\*\*\*\*

**Quramboyeva Diyora Ilhombek qizi**
04.02.2006. Xorazm viloyatida tug'ilgan. Urganch davlat depagogika instituti Filologiya va tarix fakulteti, Xorijiy til va adabiyoti: ingliz tili yónalishi 1-kurs talabasi.

## ZAMONAVIY PEDAGOGIK TEXNOLOGIYALAR ORQALI IJTIMOI-GUMANITAR FANLARNI O'QITISH: QIYINCHILIKLAR VA INNAVATSION YECHIMLAR

Quramboyeva Diyora Ilhombek qizi
Urganch davlat pedagogika instituti
Filologiya va tarix yo'nalishi talabasi
diyoraquramboyeva080@gmail.com

**Annotatsiya.** Ushbu maqolada qanday qilib zamonaviy texnologiyalar orqali darslarni samarali o'tkazish haqida ma'lumotlar aytib o'tilgan. Ijtimoiy-gumanitar fanlarni o'qitishda gajetlardan foydalanish juda foydali bo'lishiga qaramay uning ba'zi kamchilik tomonlari ham bor. Bugungi kunda asosan til o'qitish yo'nalishlari bo'yicha yangi texnologiyalardan keng foydalanishmoqda. Tadqiqot davomida o'quv jarayonida duch kelinadigan qiyinchiliklar tahlil qilinib, ularni bartaraf etish muammolari aytib oʻtiladi. Jumladan interfaol usullar, raqamli media soxasi va onlayn platformalar hamda ilovalardan foydalanish aytib oʻtiladi. Maqolada metodika va uni amaliyotga tadbiq qilish boʻyicha tavsiyalar berilgan.

**Kalit so'zlar:** pedagogik texnologiyalar, ijtimoiy-gumanitar fanlar, interfaol metodlar, zamonaviy ta'lim, raqamli texnologiyalar, onlayn ilovalar, o'yinlar.

## KIRISH

Bugungi kunda ta'lim jarayonida zamonaviy va qiziqarli usullardan foydalanish juda muhim ahamiyat kasb etmoqda. Ayniqsa hozir XX asr texnologiya asrida yashayotgan bir davrda texnologiyalardan foydalanishga boʻlgan ehtiyoj ham ortib bormoqda [5]. Ammo ijtimoiy-gumanitar fanlarni oʻqitishda texnologiyalardan foydalanish dolzarb muammo boʻlib qolmoqda. Soʻnggi yillarda sun'iy intellektdan dars mashgʻulotlarida foydalanish, onlayn ilovalardan, veb saytlardan ma'lumotlarni izlab topish ham ommalashib bormoqda. Tadqiqotlarga koʻra, oxirgi yillarda onlayn ta'lim platformalaridan foydalanish 60% ga oshgan. Bu esa raqamli texnologiyalarga bo'lgan ehtiyoj yil sayin qay darajada oshib borishini ko'rsatadi. Mashhur pedagog J. Dyui ta'kidlaganidek: " Ta'lim - bu hayotning o'zi". Bu aforizmning ma'nosi o'z aksini topib boryapti. Pedagogik texnologiyaning o'zi pedagogika nazariyasining umumiy asoslari, ta'lim-tarbiya texnologiyalarining o'ziga xos xususiyatlari, o'quv va tarbiya jarayonini texnologiyalashtirish, loyihalashtirish shartlarini o'rganadi [6].

## ADABIYOT SHARHI

Zamonaviy pedagogik texnologiyalar bo'yicha bir qator tadqiqotlar olib borilgan. Masalan, Smith (2020) ta'lim jarayonida raqamli texnologiyalarning samadorligini o'rganib, ularni o'quvchilarning faolligini oshirishdagi ahamiyatini ta'kidlagan [1]. Shuningdek, Ivanov (2019) interfaol metodlarning ijtimoiy-gumanitar fanlarni o'qitishda qo'llanilishi bo'yicha qiziqarli natijalarga erishgan[2]. Biroq, ushbu tadqiqotlarda ayrim muhim jihatlar yetarlicha yoritilmagan. Yangi texnologiyalarni qo'llashdagi qiyinchiliklar va ularni bartaraf etish yo'llari yetarlicha tahlil qilinmagan.

Bravn (2018) o'z tadqiqotida interfaol metodlarning ijtimoiy-gumanitar fanlarni oʻqitishdagi oʻrnini tahlil qilib, uning talabalarini tanqidiy fikrlash va muloqot qobiliyatlarini rivojlantirishda muhim vosita ekanligini ta'kidlaydi [3]. Uilyams (2022) interfaol ta'lim metodlarini joriy etishda oʻqituvchilarning texnologik savodxonligini muhim oʻrin tutishini ta'kidlagan [4].

**METODLAR**

Hozirgi kunda zamonaviy texnologiyalar orqali darslarni samarali va qiziqarli qilish boʻyicha bir qancha metod va usullar mavjud. Buning asosiy sabablaridan birini zamonning va bolalarning fikrlashini tezlik bilan rivojlanayotganini asosiy sabab qilib ham olishimiz mumkin. Quyida qanday qilib oʻqitish jarayonida duch kelinadigan muammolarni oldini olish bo'yicha bir qancha metodlar aytib o'tilgan.

Taqqoslash metodi. Har bir oʻquvchi zamonaviy texnologiyalardan foydalangan va foydalanmagan holda darsda qatnashib koʻradi. Keyin ikkalasining farqi va foiz koʻrsatkichlari taqqoslanadi. Masalan, dars jarayonidagi mashgʻulotlarni hech qanday smartfon va gajetlarsiz oʻtkazib uni smartfonlar bilan oʻtilgan dars mashgʻulotlari bilan birga taqqolash kerak. Ularning oʻrtasidagi farq seziladi.

Soʻrov va intervyu metodi. Bu metodda

o'qituvchi dars jarayonida ham dars o'tadi ham o'quvchilardan savol so'raydi. Bu holatda katta ko'pchilik o'quvchining darsga qizishi yuqori bo'ldi. Agarda faqat o'qituvchi kirib darsni shunchaki o'tib chiqib ketsa o'quvchilarda bu darsga bo'lgan qiziqish so'nadi va aynan shu fanni foydasiz deb topadilar.

Muammoli masala metodi. Bunda o'qituvchi o'quvchilarni 3 yoki 4 ta guruhga bo'ladi va har qaysi guruhga bittadan muammoli masala beradi. Shu masalaga o'quvchilar yechim topishlari hamda guruh a'zolarining barchasi o'z fikrini bildirishi kerak bo'ladi. Bundan asosiy maqsad o'quvchilarning dunyo qarashini va mustaqil fikrlashini rivojlantirish hisoblanadi. Haqiqiy hayotda ham shunga o'xshash muammo bo'lsa ular bunga tez va oson yechim topishga yordam beradigan metod bu.

Taqdirlash metodi. Dars davomida faol qatnashib o'tirgan o'quvchini o'qituvchi biror sovg'a bilan mukofotlanishi yoki yaxshi baholashi kerak. Shunda keyingi safar hamma faol bo'lishga intiladi. Bu esa darsni zamonaviy texnologiyalardan foydalanishdagi asosity usullaridan biri desa ham bo'ladi.

Fenomenologik metod. Bu metod pedagogik texnogiyalarni ishlatgan o'quvchilarning tajribalarini chuqur tahlil qilishga qaratilgan. Bunda o'quvchilar o'rtasida suhbat o'tkazilib, zamonaviy texnologiyalarning ta'lim jarayoniga qanday tasir qilayotgani haqida shaxsiy tajribalar o'rganiladi. Bu esa ustoz-shogird orasidagi fikr almashish jarayoni hisoblanadi. Agar dars yaxshi tashkillashtirilgan bo'lsa o'qituvchi shu jarayonni davom ettirishi, yomon tashkillashtirilgan bo'lsa o'z ustida qayta ishlashi kerak bo'ladi. Buni o'quvchilarning bergan fikrlari orqali bilib olish mumkin.

Gammifikatsiya metodi. Bu metod dars jarayonida o'yin elementlarini kiritish orqali o'quvchilarga motivatsiya berishga qaratilingan. O'quvchilar topshiriqlarni bajarib ball yoki mukofotlar yig'ishadi. Masalan, darsda raqamli texnologiyalardan foydalanish orqali testlarni interfaol tarzda tashkil qilish mumkin. Bu darsni ham qiziqarli ham esda qolarli bo'lishiga yordam beradi.

Refleksiya metodi. Bu metodda o'quvchilar darsning oxirida nima o'rganganliklarini, qanday yangi narsalarni bilganligi va eskilarini takrorlab olganliklari haqida ma'lumot beradi. Buni biror bir qog'ozga yozib berishlari yoki og'zaki aytishlari mumkin. Ya'ni darsdan olingan eng so'ngi fikrlar deb atasa ham bo'ladi.

## NATIJA VA TAHLILLAR

Bu mavzu bo'yicha amaliy dars o'tkazildi. Darsning asosiy ishtirokchilari Yangiariq tumanidagi 26-sonli maktabning 10-sinf o'quvchilari bo'ldi. Ulardan 20 nafar o'quvchi tanlab olindi. Ikki hafta davom etgan tadqiqot Bahodirova Zeboning o'quvchilaridan bo'ldi va Quramboyeva Diyora tomonidan tashkillashtirildi. Ma'lumotlar shuni ko'rsatadiki, darslar davomida interfaol va zamonaviy texnologiyalardan foydalangan xolda tashkillashtirligan darslar boshqalariga qaraganda ancha qiziqarli va foydali tarzda o'tdi. Bu quyidagi diagrammada ham ko'rib olishingiz mumkin. Bunda ikki rataf o'quvchilari faol qatnashgan.

Savol va intervyu metodidan foydalangan holda o'quvchilarni fikri bilan ham tanishildi. Ularning 80% qismi interfaol va turli xil metodlardan foydalanib o'tilgan darslarni anchha qulay deb topdi.

O'qituvchi tomonidan berilgan sovg'a va yuqori baho ham o'quvchini shu fanga bo'lgan qiziqishini ancha oshirdi. Har safargi dars oldingisidan sezilarli darajada qiziqarli bo'lib boraverdi.

Metodlar orasida eng samarali bo'lib topilgani so'rov va intyervyu metodi bo'ldi. Chunki unda hamma oʻquvchi qatnashib, har bir narsa uchun oʻzlarining fikrlarini alohida aytib oʻtishdi.

Oʻquv jarayonida duch kelingan qiyinchiliklar ham boʻldi. Bular ayrim sekin oʻzlashtiruvchi oʻquvchilar bilan boʻldi. Ular darsga biroz befarqlik bilan qarashdi, lekin shunga qaramay darsga sinfdoshlari bilan birgalikda qatnashishga harakat qilishdi. Yanam bir muammodan birisi bu oʻquvchi sonining kamligi va vaqtning yetmaganligi bo'ldi. Kelajakda bu metodlardan foydalangan holda ko'p sonli oʻquvchilar bilan kamida 1 oy davom etadigan tadqiqot rejalashtirildi.

## XULOSA

Tadqiqot natijalari shuni koʻrsatdiki, interfaol darslardan foydalanish ijtimoiy-gumanitar fanlarni oʻqitishda samaradorlikni oshiradi. 20 nafar oʻquvchi tomonidan oʻtkazilgan taqqoslashga ko'ra, interfaol metodlar qoʻllanilganda darsni tushunish va qiziqish darajasi ancha yuqori boʻladi. Zamonaviy pedagogik texnologiyalar samaradorlikni oshiradi deb hisoblanadi. Oʻqituvchilar dars jarayoni samarali va turli xil oʻyinlardan foydalangan holda tashkillashtirishlari kerak.

## FOYDALANILGAN ADABIYOTLAR

1. Smith, J. (2020). The effectiveness of digital

technologies in education. Journal of Modern Pedagogy, 15(3), 45-60.
2. Ivanov, P. (2019). Interactive methods in social and humanitarian sciences education. Educational Innovations Journal, 12(2), 78-92.
3. Brown, A. (2018). The role of interactive methods in developing critical thinking and communication skills. International Journal of Humanities Education, 10(4), 112-130.
4. Williams, T. (2022). Technological literacy and interactive teaching methods: The role of teachers in digital education. Journal of Educational Technology, 18(1), 25-40.
5. Malikova, D. M. (2022). "Ta'lim jarayonida innovatsion texnologiyalardan foydalanish." Pedagogik innovatsiyalar jurnali, 3(1), 45-50.
6. "Ta'limda ijtimoiy-gumanitar fanlarni o'qitishda zamonaviy texnologiyalar va didaktik vositalardan foydalanish." Oliy ta'limda innovatsiyalar (2023), 2(4), 60-68.

\*\*\*\*\*\*

**Norullayeva Sabrina Samandar qizi.**
2006-yil 1-may kuni Jizzax viloyati G'allaorol tumani Shorcha qishlogida tug'ilgan. Hozirda Jizzax davlat pedagogika Universitetining fizika va tehnalogiya talim fakuteti tasviriy san'at va muhandislik grafikasi yo'nalishida 1-kurs talabasi.

**Sun'iy intellektlar biz uchun xavfmi yoki foyda?**
**Norullayeva Sabrina Samandar qizi**
Abdulla Qodiriy nomidagi Jizzax Davlat Pedagogika Universiteti talabasi

**Ilmiy rahbar:** Oltmishev Toxirjon Turgunovich

**Annotatsiya:** Ushbu maqolada sun'iy intellektning jamiyatga tasiri har tomonlama tahlil qilinadi. Sun'iy intellekt inson faoliyatining turli jabhalarida, jumladan, tibbiyot, ta'lim sanoat va axborot texnologiyalarida unimdorlikni oshirishda xizmat qiladi. Shu bilan birga, u ish o'rinlarining qisqarishi, shaxsiy malumotlarning xavfsizligi va noto'g'ri qarorlar qabul qilish xavfi kabi salbiy tasirlarni ham keltirib chiqarishi mumkin. Maqolada sun'iy intellekt texnologiyasining foydalari va xavflari muhokama qilinib, uning kelajakdagi rivojlanish yo'nalishlari haqida xulosalar beriladi.

**Kalit so'zlar:** Sun'iy intellekt, texnologik rivojlanish, xavf va foyda, ish unumdorligi, axborot xavfsizligi, ish o'rinlari.

**KIRISH**

Odatda, robotlar deganda ko'pchikilning ko'z oldiga insonlardek gaplasha oladigan, ularning o'rniga barcha yumushlarni bajara oladigan yordamchilar keladi. Ammo bu nisbatan kengroq tushuncha. Aslida mobil qurilmangizdagi dasturlar: google- tarjimon, lug'atlar, turli xil o'yinlar va boshqalar ham sun'iy intellektga yaqqol misol bo'la oladi. Faqat ularning qamrovi kichikroq bo'lib, ma'lum yo'nalishlarda yordam bera oladi. Bugungi kunda sun'iy intellekt zamonaviy texnologiyalar rivojining ajralmas qismiga aylanib, inson hayotining deyarli barcha jabxalarda qo'llanilmoqda.

Dastlab nazariy tushuncha sifatida yuzaga kelgan sun'iy intellekt hozirda tibbiyot, ta'lim, sanoat, moluiya, transport va boshqa ko'plab sohalarda katta sohalarda katta inqilobiy o'zgarishlarni amalga oshirmoqda. Masalan, tibbiyot sohasida sun'iy intellekt bemorlarni aniqroq tashxishlash va davolashda qo'llanilmoqda. Biroq sun'iy intellekt taraqqiyoti bilan bog'liq muammolar ham mavjud. Bazi mutaxasislar sun' iy intellekt inson mehnatini yengillashtirish bilan birga, ish o'rinlarining qisqarishiga sabab bo'ishi, shaxsiy malumotlarning xavfsizligiga tahdid solishi va hatto insoniyat nisbatan nozoratni qo'lga olishi takidlangan.

**MUHOKAMA VA NATIJALAR**

Sun'iy intellekt- inson intellektiga tahdid qilishga qodir bo'lgan mashinalar yaratishga qaratilgan fan va texnologiyalar sohasi. Bundan tashqari sun'iy intellekt informatikaning alohida sohasi bo'lib, odatda inson ongi bilan bog'liq imkoniyatlar: tilni tushunish, o'rgatish, muhokama qilish, masala yechish, tarjima va shu kabi imkoniyatlarga ega kompyuter tizimlarini yaratish bilan shug'illanadi. Bugungi kunda keng qo'llanilib kelayotgan sun'iy intellekt texnologiyalariga aqilli veb-qidiruv tizimlari va o'z-o'zini boshqaradigan avtomobillarni misol qilish mumkin. Alan Turining sun'iy intellekt sohasida olib borgan ilk tadqiqot muallifi bo'lgan. Sun'iy intellektga 1956-yil mustaqil fan sifatida asos solingan. Shu yilning yozida Dartmouth kollijida o'tgan anjumanda John McCarthy sun'iy intellekt atamasini birinchi marta ishlatgan va tarixga mazkur atama muallif nomi bilan kirgan. 1990-yilllarda sun'iy intellkt taraqiyotida yangi sahifa ochildi. 1997- yilda Deep Blue nomli kompyuteri shaxmat bo'yicha jahon chempioni Garri Kasparovni yenggan ilk kompyuter bo'ldi.

**Sun'iy intellekt xavflari:** Sun'iy intellekt haqidagi bahs- munozaralar qariyb 50 yildan beri davom etib kelmoqda. Mutaxasislar hanuzgacha bir to'xtamga kelishgani yo'q. Bazilar ularning ommalashib odamlar o'rnini egallab borayotgan natijasida ommaviy ishsizlik ko'rsatkichlari oshib ketishi mumkinligidan tashvishdalar. Mutaxassislarning boshqa bir guruhi esa sun'iy intellektga ijobiy munosabatda bo'lish kerakligini uqtirishmoqda. Hatto IT- sohasidagi milliarderlar orasida ham turli qarashlar mavjud. Jumladan SpakeX asoschisi Ilon Mask sun'iy intellektning butun boshli sivilizatsiyani barbod qilishga ishonchi komil. Maskning fikricha sun'iy intellekt insoniyat sivilizatsiyasi uchun asosiy xafdir. Sun'iy intellekt mehnat bilan bog'liq ommaviy muammolarni keltirib chiqaradi. Sababi robotlar hamma ishni bizdan ko'ra yaxshiroq bajara olishadi. Ilg'or tehnologiyalar ortidan quvish natijasida, kompaniyalar sun'iy interllekt ortidan kelib chiqadigan xavf-xatarni ko'rmay qolishlari mumkin. Bir necha o'n yildan so'ng robotlar ishning katta qismini bajara boshlagach sun'iy intellekt shu qadar kuchayib ketadiki, yakunda u bizni xavotirga sola boshlaydi. Bu borada Ilon Maskning fikriga qo'shilaman. Ammo nega bu savol boshqalarni qiziqtirmaydi deydi Geystin. Bugungi kunda ayrim davlatlar robot mashinalar, hamshiralar, xaydovchisiz transport vositalari, buyumlarni yetqazib berivchi dronlar va robotlar foydalanish uchun yo'lga qo'yilmoqda. Hatto politsiya xodimlarining ham ishlarini robotlar bajarishmoqda. Olimlar imkon qadar ularning yuz ko'rinishini odamlarnikiga o'xshatishga harakat qilmoqda. Bu esa ko'p insonlarning ishidan ayrilishiga va ishsiz qolishiga sababch bolmoqda. Ishsiz qolgan insonlarning ishlarini robotlar bemalol bajarishmoqda va buni insonlardan ko'ra yaxshiroq uddalamoqda.

**Sun'iy intellektlarning foydalari:** Har qancha e'tiroz va tanqidlarga qaramay sun'iy intellekt rivojlanishdan va odamlarga yordam berishdan to'xtamayapti. Ayniqsa tibbiyotda uning ahamiyati tobora oshib bormoqda. Robot shifokorlarning tibbiyot hodimlari bilan o'ziga xos hamkorligi samardorlikni ancha oshirdi. Medtronis kompaniyasi esa IBM bilan hamkorlikda qandli diabet kasalligi bilan og'rigan bemorlar uchun maxsus dastur ishlab chiqmoqda. Ko'rib turganingizdek sun'iy intellektning hayotimizdagi o'rni kundan-kunga chuqurlashib bormoqda. Sun'iy intellekt aniq fanlar, moliyalashtirish, o'qitish, dizayin, o'yin-kulgu va boshqa ko'plab sohalarda o'z o'rnini egallaydi. Boshqa so'zlar bilan aytganda, ilg'or sun'iy intellekt texnologiyalarini keng joriy etish dunyo axolisining tez o'sib borayotgan hayot sifatini yaxshilash imkonini beradi va turli xil xizmatlar yahshilanadi. Katta ehtimol bilan inson hayotining farovonligiga yaqinlashtirish mumkin.

Sun'iy intellektning talim sohasida ham o'rni juda yuqori. Masalan katta hajmdagi malumotlarni qisqa vaqt ichida tahlil qilib eng maqbul yechimlarini taklif qiladi. Bundan tashqari sun'iy intellekt insonlar xatosini kamaytiradi va insonlar bajara olmagan murakkab ishlarni ham bajarishmoqda. Umuman olganda, sun'iy intellekt inson hayotini yengillashtirish va turli sohalarni rivojlantirish uchun katta imkoniyatlar yaratmoqda. Sun'iy intellektlarning eng katta yutuqlaridan biri shundaki, u inson xatolarini kamaytiradi. Odamlardan farqli o'laroq, kompyuter mashinasi to'g'ri dasturlashtirilgan bo'lsa, xatolarga yo'l qo'maydi, odamlar esa vaqti-vaqti bilan xatolar qilib turadi. Sun'iy intellektlar odamlardan farqli o'laroq tanaffuslar va yangilanishlarini talab qilmaydi. Oddiy odam 8-9 soatgacha, jumladan tanaffuslar va yangilanishlarni ham davom ettira oladi, kompyuter mashinasi esa 24/7 tanaffuslarsiz ishlaydi va hatto zerikmaydi. Sun'iy intellekt robotlarni ishlab chiqarish texnologiyasi odamlarning ko'plab xavfli cheklovlarini yengib o'tishga qodir va biz uchun xavfli ishlarni amalga oshirish mumkin, masalan bombani zararsizlantirish, neft va ko'mir qazib olish, okeanning eng chuqur joylarini o'rganish va hokazo. Bundan tashqari sun'iy intellektlar odamlarga qaraganda, tezroq qaror qabul qilishga va harakatlarni tezroq bajarishga yordam beradi. Qaror qabul qilishda odamlar ko'plab omillarni tahlil qiladilar, sun'iy intellektlar esa dasturlashtirilgan narsa ustida ishlaydi va natijalarni tezroq ko'rish imkonini beradi.

Xulosa qilib aytadigan bo'lsak, bugungi kunda sun'iy intellektlar hayotimizning ajralmas qismiga aylanib ulgirdi. Ammo uning ma'lum bir kamchiliklari ko'zga tashlanmoqda. Masalan sun'iy intellekt rivojlanishi tezlashgan sari kasbiy faoliyatlar ham asta sekin kamayib bormoqda. Xususan, sog'liqni saqlash, o'qituvchilik va advokatlik, favqulotda vaziyatlarga javob beruvchilar, ijtimoiy ishchilar, mijozlarga xizmat ko'rsatuvchilar faoliyatiga sezilarli darajada o'z tasirini ko'rsatmoqda. Shunga qaramasdan bugungi kunda sun'iy intellekt mavjud odamlarni juda ko'p sohalarda qo'llab- quvvatlamoqda, shu jumladan savdo, yuridik va shifokorlik sohalari shular jumlasidandir. Sun'iy intellekt zamonaviy texnologiyalarning muhim qismi bo'lib, ko'plab sohalarda inqilobiy o'zgarishlarga sabab bo'lmoqda. Uning samarali ishlatilishi inson hayotini yengillashtirilishi va rivojlanishiga hissa qo'shmoqda. Sun'iy intellektlar rivojlanishi insonlarni yalqov va dangasa qilib qo'ymoqda. Bunda tashqari insonlar kutubxonalarga borib kitoblardan foydalanish ko'rsatgichi yildan-yilga tushib ketmoqda. Insonlar deyarli hamma narsani uydan chiqmasdan va izlanmasdan sun'iy intellektlar orqali bajarishmoqda va ularga bog'lanib qolishmoqda. Ko'pchilik maktab o'quvchilari ham sodda bo'lgan uy vazifalarini sun'iy intellektlar yordami bilan bajarishmoqda. Afsuski bu narsalarga ularning ota- onalari befarq qolishmoqda. Bu esa insonlarning fikirlash doirasi o'smasdan tor doirada qolishi, o'ziga ishonchsizlik hissining ortishiga sabab bo'lmoqda.Sun'iy intellektdan juda ko'p foydalangan insonda birinchi o'rinda o'ziga ishonchsizlik hissi juda yuqori bo'ladi va oddiy narsalarni ham sun'iy itelektga tashlab ko'radilar va shundan so'nggina ishonch xosil qilib ko'radilar. Hammaning faqat sun'iy intellektlardan foydalanishi va o'z bilimiga tayanib ish ko'rmasligi, izlanmasligi va hamma narsani sun'iy intellekt orqali hal qilishi, bugun emas, lekin qachondir o'z aksini va salbiy jihatlarini ko'rsatadi. Sun'iy intellekt yillar o'tgan sari insonlarning eng katta dushmaniga aylanishi mumkin.

**FOYDALANILGAN ADABIYOTLAR:**

1. Russell, S., & Norvig, P.(2020).Artificial intelligence:A Modern Approach (4thed.). Pearson.
2. Tegmark, M. (2017). Life 3.0: Being Human in the Age of Artificiala intelligenc, Knopf.
3. https://livetilesglobal.com/pros-cons-artifical-intelligence-classroom
4. https://www.technologyreview.com
5. https://aiindex.stanford.edu
6. https://www.ibm.com/artifical-intelligence
7. https://ai.harvard.edu
8. https://ftureoflife.org
9. https://www.aligmentforum.org
10. https://www.javatpoint.com/advantages-and-disadvantage-of-artifical-intelligence

\*\*\*\*\*\*

**Zikirova Baxtigul Iskandar qizi**
ATVMU, ijtimoiy fanlar fakulteti arab filologiyasi 1-kurs talabasi

## ZAMONAVIY ILMIY TADQIQOTLAR VA ULARNING JAMIYATIGA TA'SIRI

Zikirova Baxtigul Iskandar qizi
ATVMU, ijtimoiy fanlar fakulteti arab filologiyasi 1-kurs talabasi
E-mail: baxtigulzikirova04@gmail.com

**Annotatsiya:** Ushbu maqolada zamonaviy ilmiy tadqiqotlarning ahamiyati va ularning jamiyatga ta'siri yoritiladi. O'zbekistonda ilm-fanning rivojlanish yo'nalishlari, arxeologiya, texnologiya va tibbiyot sohasidagi yangiliklar haqida ma'lumot beriladi. Shuningdek, zamonaviy tadqiqotlarning kelajak istiqbollari ham tahlil qilinadi.

**Kalit so'zlar:** ilmiy tadqiqotlar, texnologik rivojlanish, innovatsiya, O'zbekiston, arxeologiya, zamonaviy fan.

### 1. Kirish

Zamonaviy ilmiy tadqiqotlar insoniyat taraqqiyotining ajralmas qismiga aylangan. Ilm-fan va texnologiya sohasidagi yangiliklar nafaqat ilmiy doira vakillari, balki jamiyatning barcha qatlamlari uchun ham muhim ahamiyat kasb etadi. Bugungi kunda sun'iy intellekt, muqobil energiya, genetik tadqiqotlar va zamonaviy arxeologik metodlar fanni yangi bosqichga olib chiqmoqda.

Oʻzbekistonda ham ilm-fanning rivojlanishiga katta e'tibor berilmoqda. Xususan, Prezident tashabbusi bilan ilmiy markazlar va laboratoriyalar faoliyati kengaytirilib, yosh olimlarga yangi imkoniyatlar yaratilmoqda. Ilm-fan va innovatsiyalar jamiyatning barqaror rivojlanishiga hissa qoʻshishi bilan bir qatorda, yangi texnologiyalar ishlab chiqilishiga va iqtisodiy oʻsishga ham xizmat qilmoqda. Shu sababli, ilmiy tadqiqotlarning roli va ahamiyati tobora ortib bormoqda.

Bugungi global dunyoda innovatsion tadqiqotlar nafaqat ilmiy bilimlarni rivojlantirish, balki ijtimoiy va iqtisodiy barqarorlikni ta'minlash uchun ham muhim vositaga aylanmoqda. Maqolaning maqsadi – zamonaviy ilmiy tadqiqotlarning dolzarbligini, ularning Oʻzbekistonda qanday rivojlanayotganini va kelajakda qanday istiqbollar ochilishini tahlil qilish.

## 2. Asosiy qism

### 2.1. Zamonaviy ilmiy tadqiqotlarning asosiy yo'nalishlari

Zamonaviy ilmiy tadqiqotlar bir necha muhim yo'nalishlarda rivojlanmoqda. Ulardan eng muhimlari quyidagilardan iborat:

**Sun'iy intellekt va avtomatlashtirilgan tizimlar** – robototexnika, tibbiy diagnostika va sanoat jarayonlarini optimallashtirishda sun'iy intellekt (AI) texnologiyalarining o'rni. Sun'iy intellekt bugungi kunda sog'liqni saqlash, moliya, ta'lim va sanoat sohalarida keng qo'llanilmoqda. Uning asosiy afzalliklari – ma'lumotlarni tezkor qayta ishlash, tahlil qilish va aniq natijalar chiqarish imkoniyatidir.

**Muqobil energiya manbalari** – quyosh va shamol energetikasi bo'yicha olib borilayotgan tadqiqotlar. Hozirgi vaqtda energiya resurslarining kamayib borishi tufayli, ekologik toza energiya ishlab chiqarish muhim ahamiyat kasb etmoqda. Xususan, O'zbekiston iqlimi quyosh energiyasidan maksimal darajada foydalanishga imkon yaratadi.

**Genetik tadqiqotlar va biotexnologiya** – tibbiyotda yangi davolash usullari va qishloq xo'jaligida hosildorlikni oshirishga qaratilgan genetik o'zgarishlar. Oziq-ovqat xavfsizligini ta'minlash, genetik kasalliklarni aniqlash va davolash borasida olib borilayotgan tadqiqotlar bu sohaga e'tiborni kuchaytirmoqda.

**Nanotexnologiyalar** – tibbiyot, farmatsevtika, elektronika va qurilish sohasida foydalanish imkoniyatlari. Nanomateriallar yordamida energiya tejovchi qurilmalar va supero'tkazgichlarni ishlab chiqarish bo'yicha yangi izlanishlar olib borilmoqda.

## 2.2. O'zbekistonda ilmiy tadqiqotlar

O'zbekiston mustaqillikka erishgach, ilmiy tadqiqotlarni rivojlantirishga alohida e'tibor qaratildi. Bugungi kunda yurtimizda:

**Fan va texnologiyalar agentligi** tomonidan olib borilayotgan tadqiqot loyihalari;

**Innovatsion rivojlanish vazirligi** tomonidan ilmiy grantlar ajratilishi;

**Universitet va ilmiy markazlarda olib borilayotgan tadqiqotlar** yangi natijalarni keltirmoqda.

Shuningdek, ilmiy hamkorlik yo'nalishida xalqaro tadqiqot markazlari bilan aloqalar mustahkamlanmoqda. O'zbekiston olimlari xalqaro ilmiy anjumanlarda ishtirok etib, yangi ilmiy metodlar va texnologiyalarni o'rganib, o'z yurtimizda tatbiq etmoqda.

## 2.3. Arxeologiyada zamonaviy texnologiyalar roli

**Dronlar yordamida qazilma hududlarni xaritalash** – yangi arxeologik yodgorliklarni topish va tahlil qilishda muhim vosita.

**3D skanerlash** – qadimiy obidalarni virtual formatga oʻtkazish va ularning saqlanishini ta'minlash.

**Sun'iy intellekt va ma'lumotlar tahlili** – qazilmalar natijalarini tezkor qayta ishlash va tadqiq qilish.

**Yangi geofizik metodlar** – tuproq qatlamlarini nurlantirish orqali qadimgi inshootlarni aniqlash.

**Bugungi kundagi arxeologik tadqiqotlar** – Oʻzbekistonning qadimiy shaharlarini oʻrganish boʻyicha olib borilayotgan loyihalar, xalqaro ilmiy hamkorlik.

## 3. Natijalar va tahlil

Bugungi zamonaviy ilmiy tadqiqotlar fanning deyarli barcha yoʻnalishlarida yangi imkoniyatlar yaratmoqda. Quyidagilar ushbu yutuqlarning asosiy afzalliklari hisoblanadi:

**Fan va texnologiya oʻrtasidagi uygʻunlik;**
**Jamiyat hayotiga ta'siri;**
**Yangi ish oʻrinlari yaratish.**

## 4. Xulosa va takliflar

Ilm-fan va texnologiyaning jadal rivojlanishi nafaqat jamiyatning bugungi kundagi ehtiyojlarini qondirishga, balki kelajakni shakllantirishga ham xizmat qiladi. Zamonaviy ilmiy tadqiqotlar inson hayotining barcha jabhalariga kirib kelmoqda, shu jumladan, sog'liqni saqlash, ekologiya, texnologik innovatsiyalar va madaniy merosni saqlash kabi muhim yo'nalishlarda.

Menimcha, ilmiy tadqiqotlarni rivojlantirish, ayniqsa, yoshlarni fanga jalb qilish orqali, O'zbekiston kelajakda ilm-fan va innovatsiyalar bo'yicha yuksak natijalarga erishishi mumkin. Atrofimdagi insonlar bilan suhbatlashganimda, ko'pchilik ilm-fanning rivoji mamlakat taraqqiyoti uchun zarur ekanini qayd etdi. Masalan, ilmiy faoliyat bilan shug'ullanayotgan tanishlarim yosh olimlarga yetarlicha sharoitlar yaratish va xalqaro hamkorlikni kuchaytirish muhimligini ta'kidlashmoqda. Talabalar esa ilmiy grantlar va innovatsion texnologiyalar bo'yicha kurslarning ko'paytirilishini istashadi.

Shu nuqtai nazardan, quyidagi takliflarni ilgari surish mumkin:

Ilmiy tadqiqotlarni rivojlantirish uchun quyidagi takliflar ilgari suriladi:

Ilmiy grantlarni kengaytirish;
Yosh olimlarni qoʻllab-quvvatlash;
Arxeologik tadqiqotlarga zamonaviy texnologiyalarni jalb etish.

**Foydalanilgan adabiyotlar**
Karimov, A. (2023). *Innovatsion tadqiqotlar va texnologik taraqqiyot.* Toshkent: Fan.
Oʻzbekiston Respublikasi Innovatsion rivojlanish vazirligi. (2024). *Ilmiy tadqiqotlar statistikasi.* Toshkent.
Xudoyberdiyev, U. (2022). *Arxeologiyada zamonaviy texnologiyalar.* Samarqand: Ilm.
Qodirov, B. (2023). *Oʻzbekistonda sun'iy intellekt va uning fan sohasidagi oʻrni.* Toshkent: Ilm.

\*\*\*\*\*\*

**Suyunova Marjona Salohiddin qizi** 16.04.2005 yilda tug'ilgan. Toshkent tibbiyot akademiyasi Termiz filiali davolash fakultetida 2-kurs talabasi.

## LIMFA

**Suyunova Marjona Salohiddin qizi**
Toshkent Tibbiyot Akademiyasi Termiz filiali
suyunovamarjona682@gmail.com

**Annotatsiya:** Limfa – bu inson tanasidagi muhim biologik suyuqlik bo'lib, limfa tomirlari orqali harakatlanadi va organizmning ichki muhitini barqaror saqlashda muhim rol o'ynaydi. U limfa tugunlari orqali filtrlanadi va immun tizimining samarali ishlashiga hissa qo'shadi.

Limfa tarkibida limfotsitlar bo'lib, ular infeksiyalarga qarshi kurashadi. Shu bilan birga, limfa organizmdan ortiqcha suyuqlik, oqsillar va chiqindilarni chiqarishda ishtirok etadi. Limfa tizimi qon aylanish tizimi bilan chambarchas bog'liq bo'lib, limfa tugunlari va yo'llari orqali organizmni tashqi zararli omillardan himoya qiladi.

**Kalit so'zlar:** Limfa shakllanishi, limfa tuzilishi, limfa tarkibi va vazifalari, limfa tomirlari, limfa oqimi, limfa oqimining funksiyasi, periferik limfa, oraliq limfa, markaziy limfa, limfa tugunlarida T va B limfotsitlari, to'qima suyuqligi.

Kapillyar almashinuvi jarayonida qonning taxminan 90% qismi venoz tomirlar orqali qayta so'riladi. Qolgan 10% esa limfa yo'llari orqali qayta qon aylanishiga qo'shiladi va bu suyuqlik limfa deb ataladi. Limfa — bu to'qimalardan hosil bo'lgan interstitsial suyuqlikning bir shaklidir. Limfa tuguni loviyasimon shaklga ega bo'lib kattaligi 0,3-1 dm atrofida bo'ladi. Uning qavariq yuzasi orqali olib keluvchi limfatik tomirlar alohida-alohida holda tugun ichiga kiradi. Botiq yuzasi esa tugun darvozasi deb atalib bu yerdan arteriya kiradi va vena hamda olib ketuvchi limfatik tomirlar chiqadi. Limfa tuguni sirtidan kollagen tolalarga boy zich biriktiruvchi to'qimadan iborat kapsula bilan qoplangan. Kapsula tarkibida silliq mushak hujayralarining tutamlari ham uchraydi. Ular ayniqsa kapsulaning darvoza sohasida ko'p miqdorda bo'ladi. Kapsuladan tugunning ichiga o'zaro anastomozlar hosil qiluvchi to'siqlar yoki trabekulalar kiradi. Trabekulalar kapsula bilan birlikda tugunning biriktiruvchi to'qimali negizini tashkil etsa, limfa tugunining asosini retikulyar to'qima btashkil etadi. Bu to'qima o'simtalarga ega yulduzsimon retikulyar hujayralardan va ular bilan chambarchas bog'langan retikulyar tolalardan tuzilgan. Ular hosil qilgan to'r bo'shliqlarida T- , B-limfotsitlar va mikromuhit hujayralari joylashadi. Limfa tugunlarida T- va B-limfotsitlarning ko'payishi va ularning antigenga mos ravishda ixtisoslanishi kuzatiladi. T- va B-limfotsitlarning o'zaro hamda mikromuhit hujayralari bilan muloqotda bo'lishi ma'lum antigenlarga qarshi spetsifik antitanalar ishlab chiqarishga olib keladi.

Umurtqali hayvonlar organizmida qon tomirlar sistemasidan tashqari limfatik tomirlar ham mavjud. Ushbu nozik tomirlar orqali sarg'imtir rangli, oqsil tabiatiga ega, shaklli elementlarni saqlovchi suyuqlik — limfa oqadi. Limfa ikki asosiy tarkibiy qismlardan iborat: limfoplazma va shaklli elementlar.

Limfoplazma: kimyoviy jihatdan qon plazmasiga yaqin, ammo undagi oqsillar miqdori ancha kam. Oqsil fraksiyalaridan albumin globulinga nisbatan ko'proq. Shuningdek, limfoplazmada fermentlar, neytral yog'lar, oddiy uglevodlar, erigan mineral tuzlar va mikroelementlar bo'ladi.

Shaklli elementlar: asosan limfotsitlar (95–98%) va monotsitlardan iborat. Shuningdek, leykotsitlarning boshqa turlari va juda oz miqdorda eritrotsitlar ham uchraydi.

Limfa kimyoviy jihatdan qon plazmasiga o'xshaydi, ammo oqsil miqdori kamroq (2–5 g/dL).

Oqsil miqdori limfaning qayerdan oqqaniga bog'liq:

Jigar — 6 g/dL
Ichak va ko'krak yo'llari — 4 g/dL
Skelet muskullari va teri — 1.5–2 g/dL
Plexus choroidea — 0 g/dL

Yog'lar: Limfa tizimi ichakdan uzun zanjirli yog' kislotalari va xolesterinni (xilomikron shaklida) so'rish uchun asosiy yo'ldir. Yog'li ovqatdan keyin limfa tarkibidagi yog' miqdori ortadi va u sut rangli ko'rinishda bo'ladi. Bunday limfa xilus deb ataladi.

Hujayralar: Limfada asosan limfotsitlar uchraydi. Ular, ayniqsa, limfa tugunlaridan o'tayotganda limfaga ko'p miqdorda qo'shiladi.

Limfa hujayra oraliq suyuqlikdan hosil bo'lib, limfa kapillyarlari orqali limfa tugunlariga, u yerdan limfa tomirlariga va nihoyat vena tizimiga quyiladi. Shu asosda limfaning 3 turi farqlanadi:

1. Periferik limfa – limfa tugunigacha bo'lgan qism;
2. Oraliq limfa – limfa tugunidan o'tgan qism;
3. Markaziy limfa – ko'krak qafasidagi yirik limfa tomirlaridagi qism.

Limfa tomirlari: Limfa tomirlari organizmda interstitsial suyuqlikni olib chiqishda yordamchi yo'l vazifasini bajaradi.

Tuzilishi bo'yicha:

Kichik limfa tomirlari — limfa kapillyarlari deb ataladi.

Yirik limfa tomirlari —limfa magistrallari, eng kattasi esa ko'krak kanali (Ductus thoracicus).

Limfa kapillyarlari: Ular endoteliy hujayralaridan tashkil topgan yupqa devorli naychalar.Endotelial hujayralar orasidagi bo'shliqlar suyuqlik va ozuqa molekulalarini o'tkazishga imkon beradi.Hujayralarning qirralari bir-birining ustiga yopishib, qopqoq shaklidagi klapanlar hosil qiladi. Kattaroq limfa tomirlari: Kapillyarlar birlashib kattaroq limfa tomirlarini, ular esa limfa yoʻllari va magistrallarini hosil qiladi.Ductus thoracicus (koʻkrak kanali) — eng katta limfa tomiri. U tananing:Diafragma ostidan ikkala tomondan; Diafragma ustidan esa chap tomondan limfa olib boradi.

Koʻkrak kanali v. subclavia sinistra va ichki boʻyin venasining birlashmasiga ochilishi bilan tugaydi.Oʻng limfa yoʻli limfani diafragma ustidagi tananing oʻng yarimidan chiqaradi.Oʻng subclavia dextra venaga ochilishi bilan tugaydi.

Kattaroq limfa tomirlarining tuzilishi tomirlarning tuzilishiga oʻxshaydi 3 ta qavatdan iborat:

tunica intima, tunica media, tunica adventitia farqlanishi mumkin.

Normal limfa oqimi - normal limfa oqimi butun tana uchun kuniga 2–4 litr (80–150 ml/soat) ni tashkil qiladi.

**Foydalanilgan adabiyotlar roʻyxati:**

1. Q.R.Toʻxtayev, F.X.Azizova, M.A.Abdurahmonov, E.A.Tursunov, K.I.Rasulev, M.X.Rahmatova. Gistologiya, Sitologiya va Embriologiya.

2. M.O.Asqarova, F.A.Abdurahmanova B.D.Damirova, I.Y.Nasimova, Y.S.Karimova, A.A.Arabova Fiziologiya asoslari ( Indu khurana darsligi asosida)

3. O.T.Alyaviya, A.A.Nishanova, SH.K.Qodirov Fiziologiya darslik

4. Z.A.Nurova, et al. LALIFORNIA RED WORM ENHANCEMENT OF THE IMMUNE SYSTEM IN HUMAN DISEASE SERUM PRODUCTION // European International Journal of Multidisciplinary Research and Management Studies. – 2022. – T. 2. – № 11. – S. 140-142.

5. J.Asfandiyorov et al. QON. QONNING SHAKLLI ELEMENTLARI. ERITROTSITLAR. ERITROTSITLARNING ORGANIZMDAGI AHAMIYATI HAMDA ERITROTSITLARGA BOGʻLIQ BOʻLGAN KASALLIKLAR // Models and methods in modern science. – 2022. – T. 1. – №. 15. – S. 132-135.

\*\*\*\*\*\*

**Qurolboyeva Maftuna Olimjon qizi** 2005-yil 1-oktabr kuni Qoraqalpog'iston respublikasida tug'ilganman.
O'zbekiston davlat jahon tillari universiteti xalqaro munosabatlar yo'nalishi 2-kurs talabasiman.

**OSIYONING IKKI YIRIK QUDRATLI DAVLATLARI: XITOY VA HINDISTON O'RTASIDAGI GEOSIYOSIY ZIDDIYATLAR**
Qurolboyeva Maftuna Olimjon qizi
O'zbekiston davlat jahon tillari universiteti

Xalqaro jurnalistika fakultetining 2-bosqich talabasi

E-mail:@maftunaqurolboyeva237@gmail.com

**Annotatsiya:** Xitoy va Hindiston davlatlari oʻrtasidagi geosiyosiy ziddiyatlar bugun paydo boʻlgan ziddiyat emas, bu ziddiytlar ildizi uzoq yillik tarixga borib taqaladi. Ushbu maqolada ikki davlat oʻrtasidagi geosiyosiy muammolarning kelib chiqishi, sabablari muhokama qilinadi. Bundan tashqari maqolada, chegara va suv resurslari muammolari ham koʻrib chiqiladi.

**Kalit soʻzlar:** Aksay Chin, Doklam platosi, LAC, Arunachal-Pradesh shtati.

KIRISH QISM

Xitoy va Hindiston Osiyodagi eng yirik mintaqaviy kuchlardan ikkitasi boʻlib, aholisi eng koʻp boʻlgan ikki davlat va dunyodagi eng tez rivojlanayotgan yirik iqtisodiyotlari qatoriga kiradi. Xitoy va Hindiston oʻrtasidagi madaniy va iqtisodiy aloqalar qadim zamonlardan boshlangan. Ipak yoʻli nafaqat Hindiston va Xitoy oʻrtasidagi asosiy savdo yoʻli boʻlib xizmat qilgan. Shuningdek, ikkala davlat minglab yillar davomida tinchlikni saqlab kelishgan va ikki tomonlama munosabatlar ham olib borishgan, ammo ikki davlat oʻrtasidgi munosabatlari 1949-

yildan keyin oʻzgargan. Ikki mamlakatda tez-tez chegaraviy kelishmovchiliklar va qurolli toʻqnashuvlar boʻlib turadi.

MUHOKAMA VA NATIJALAR

Xitoy va Hindiston oʻrtasidagi chegara mojarolari uzoq yillardan beri davom etib kelmoqda. Ikkala davlatni Himolay togʻlari ajaratib turadi. Asosiy nizolar 3488 kilometr uzunlikdagi chegara hududlari bilan bogʻliq. Bugungi kunda Xitoy va Hindiston Nepal va Butan davlati bilan chegaradosh, ular ikkala davlat orasida buffer davlat vazifasini bajaradi. Hindiston tomonidan daʼvo qilingan bahsli hududlar Kashmir va Ladax hisoblanadi. Ladax hududining bir qismi Pokiston (Ozod Kashmir va Gilton va Baltison) va Xitoy xalq respublikasi (Aksay Chin) tomonidan daʼvo qilinadi. Bundan tashqari, Xitoy va Hindiston Arunachahal-Pradeshning koʻp qismi uchun ham bahslashmoqda. Bu hudud Hindistonning Arunachal-Pradesh shatati boʻlib, shu yerda bir million hind aholisi yashaydi. Lekin Xitoy bu hududni hamon oʻz hududi deb daʼvo qilib kelmoqda va haligacha hududning katta qismini "Janubiy Tibet" deb ataydi. Aksaychin hududi taxminan 38000 kvadrat kilometr maydonni egallagan, hozirda bu hudud Xitoy tomonidan nazorat qilinadi, ammo Hindiston uni Jammu va Kashmirning bir qismi deb hisoblaydi. 1957-yilda Xitoy Tibetni oʻz nazoratiga olganidan keyin Aksaychin hududida harbiy yoʻllar qurish boshlangan. Bu esa Xitoy-Hindiston urushiga olib kelgan. 1962-yil 23-oktabr kuni boshlangan urush Xitoy qoʻshinlarining Aksaychin va Arunchal-Pradesh hududlariga kirishi bilan boshlanadi. Xitoy askarlari 17 nafar hind askarini oʻldirib va yana 13 kishini asirga olib, Hindiston pozitsiyasini egallab oldi. Urush davomida hindistonliklar 1383 nafar askar halok boʻlib, qariyb 1700 kishi bedarak yoʻqolganini maʼlum qildi. Urush 1962-yil 21-noʻyabrda Xitoyning bir tomonlama sulh eʼlon qilishi bilan tugagan.

Ikki davlat oʻrtasida toʻqnashuvlar boʻlishiga qaramasdan, 1980-yillarning oxiridan boshlab diplomatik va iqtisodiy aloqalarni yoʻlga qoʻya boshlagan. 2008-yildan beri Xitoy Hindistonning eng yirik savdo sherigi boʻlib, ikki daavlat strategik va harbiy aloqalari ham rivojlanib bordi [1]. 2013-yildan boshlab ikki davlat oʻrtasidagi munosabatlarda chegara nizolari qaytadan boshlangan. 2018-yil boshida ikki armiya Butan-Xitoy chegarasidagi Doklam platosida qarama-qarshilikka kirishdi [2]. Doklam platosi Butan,

Hindiston va Xitoy chegaralari tutashgan hududda joylashgan. Bu hudud rasmiy ravishda Butanga tegishli bo'lib, Hindiston va Butan o'rtasida xavfsizlik ittifoqiga egadir. Lekin Xitoy bu hududni Tibetning janubiy qismi deb hisoblaydi. Mojaroning boshlanishi 2017-yil iyun oyida Xitoy hukumati tomonidan Doklam platosida yo'l qurish ishlaridan boshlangan. Hindiston esa Xitoyning bu harakatlarini tanqid qiladi, sababi bu yo'l "Chicken's Neck" deb ataluvchi Siliguri koridoriga yaqinlashishini osonlashtirardi. Hindiston va Butan o'rtasida xavfsizligini ta'minlash bo'yicha 1949-yil shartnoma imzolagan. Shunga muvofiq, Hindiston Doklam muammosiga aralashadi. Hindiston Xitoyning yo'l qurish harakatlarini to'xtatish maqsadida Doklamga qo'shin kiritadi. Ikki davlat o'rtasida 73 kunlik keskin qarama-qarshilikka sabab bo'ldi. Doklam muammosi Hindiston va Xitoy o'z qo'shinlarini olib chiqib ketishi bilan hal qilingan. Galvan vodiysi majorasi Hindiston va Xitoy o'rtasidagi eng jiddiy chegara to'qnashuvlardan biri hisoblanadi. Ushbu voqea Hindistonning Ladakh mintaqasi va Xitoyning Tibet Muxtor viloyati o'rtasidagi Line of actual control(LAC) bo'yicha sodir bo'ldi. Mojaroning kelib chiqishi

2020-yilning may oyida Xitoy qo'shinlari Line of Actual Control (LAC) bo'ylab infratuzilma qurishni boshlagan. Bu esa Hindistonning harbiy harakatlar boshlashiga sabab bo'lgan. 2020-yil 15-iyun kuni Galvan vodiysida xitoy va hind armiyasi o'rtasida to'qnashuv yuz berdi. Hindiston ma'lumotlariga ko'ra, 20 nafar hind harbiysi va 42 ta xitoylik askar halok bo'lgan.

Hindiston va Xitoy o'rtasidagi suv masalasi Brahmaputra daryosi va boshqa transchegaraviy suv havzalari bilan bog'liq. Brahmaputra (Xitoyda Yarlung Tsangpo) Tibetning Himolay tog'lardan boshlanadi va Hindiston va Bangladesh orqali o'tadi. Daryo Hindistonning Assam va Arunachal-Pradesh shtatlarini suv bilan ta'minlagan. Xitoy 2021-yilda daryoning yuqori oqimida dunyodagi eng katta gidroelektr stansiyasini qurishni rejalashtirgan. Bu esa Hindiston va Bangladesh davlatlari o'rtasida suv tanqisligini keltirib chiqarishi mumkin. Shuningdek, Janubiy va Janubi-Sharqiy Osiyo mintaqasidagi ekologik barqarorlik va iqtisodiy rivojlanishga tahdid qilmoqda.

XULOSA

Xitoy va Hindiston o'rtasidagi geosiyosiy ziddiyatlar nafaqat ikki davlat, balki butun mintaqaning xavfsizligi va barqarorligiga ta'sir qiladi. Buni Aksaychin, Arunachal-Pradesh, Doklam platosi va Galvan vodiysi kabi hududlardagi ziddiyatlarda ko'rishimiz mumkin. Mojarolarni hal qilish uchun ikki davlat muzokaralarni kuchaytirish va iqtisodiy hamkorlikni rivojlantirishga e'tibor qaratishi lozim. Hamkorlik va barqarorlikni yo'lga qo'yish orqali mintaqada tinchlikni ta'minlash mumkin.

**Foydalanilgan adabiyotlar**

1. "Xitoy — Hindiston munosabatlari - Vikipediya" URLhttps://uz.m.wikipedia.org/wiki/Xitoy_%E2%80%94_Hindiston_munosabatlari#cite_ref-Maria_1-0

2. "Hindiston va Xitoy o'rtasidagi bahs: 60 yil avvalgi urush qayta boshlanadimi?—DaryoYangiliklari" URLhttps://daryo.uz/2022/12/16/hindiston-va-xitoy-ortasidagi-bahs-60-yil-avvalgi-urush-qayta-boshlanadimi

3. Joshi, Manoj (2017), Doklam: To start at the very beginning, Observer Research Foundation, 20 December 2017da asl nusxadan arxivlandi, qaraldi: 7 February 2018

4. „Why Indo-China ties will be more favourable

than Sino-Pak". Theworldreporter.com (2010-yil 7-iyul). 2010-yil 19-oktyabrda asl nusxadan arxivlangan.

5. Lancaster, John. „India, China Hoping to 'Reshape the World Order' Together". The Washington Post (2005-yil 12-aprel). 2011-yil 9-fevralda asl nusxadan arxivlangan.

******

**Abdullayeva Dinora Tavakkal qizi** 26.11.2003-yil tug'ilgan. Farg'ona davlat universiteti Filologiya fakulteti O'zga tilli guruhlarda rus tili yo'nalishi 4-bosqich talabasi.

## O'zbek qizlari

Ibosi yarashar oltin tilloday ,
Yo'liga zar sochar mard bu o'g'lonlar ,
Oydin yuzli bu qora soch ko'zlar ,
O'zbek qizlaridur, o'zbek qizlari.

Tillarda doston To'marisdur bu ,
Dunyoda chiroyli farishtalar bu ,
Iboli hayoli Hadichadur bu ,
O'zbek qizlaridur, o'zbek qizlari.

Egnin atlas kiygan boshida do'ppi ,
Buyuk ipak yo'lin ramz etgan hayo ,
Tor shim kalta yubka yarashmas aslo
O'zbek qizlardur, o'zbek qizlari.

\*\*\*\*\*\*

**Shomuratova Saltanat Osqar qizi** 2006-yilning 28-yanvarida Xorazm viloyati Yangibozor tumanida tugilgan. Hozirda Urganch davlat Pedagogika instituti Xorijiy til va adabiyoti ingliz tili 1-kurs talabasi.

### Akam – Mening Suyangan Tog'im

Har kimning hayotida bir suyanch bor. Kimdir ota-onasiga, kimdir esa do'stiga, yana kimdir esa buvisiga suyanadi. Men esa tugilganimdan bir insonga suyanaman – akamga. Tog'ri, siz o'ylashingiz mumkin: «Buning ota-onasi yo'qmi?» deb, lekin shukurlar aytamanki, ota-onam ham har doim yonimda. Lekin baribir, akamning mening hayotimdagi o'rni boshqacha.
Yoshligimda juda ko'p narsalarga qiziqardim, lekin akam bu qiziqishlarimni hech qachon o'ldirmagan. U maktabga borar edi, lekin men maktab yoshiga oz qolgan bo'lsam ham, bog'chaga borishni xohlamasdim. Men faqat maktabga borishni hohlardim, lekin bunga yoshim to'sqinlik qilardi. Shunday qilib, maktabda tadbirlar yoki musobaqalar bo'lsa, "Meni ham olib keting!" derdim, akam esa yo'q demay olib ketardi. Boshqa akalar, ukalarini maktabga olib

borishdan uyalsa, u esa meni olib borishdan hecham uyalmasdi.

Kunlar oʻtdi. Keyin men maktabga bora boshladim, u esa kollejga. Ishonasizmi, u hattoki boshqa joyda boʻlsa ham, meni har doim har tomonlama qoʻllab-quvvatlardi. U oʻqishdan keyin ishlardi va ishlagan maoshidan menga ham berib turardi. Shunday qilib, akam meni maktabda ham himoya qilardi. Menga aka sifatida eng yaxshi tarbiyani bergan edi. U doimo meni oʻqishga, bilim olishga, toʻgʻri yoʻlni tanlashga undardi. Agar kimdir menga nisbatan adolatsiz boʻlsa, u ularni jazolashni emas, balki menga nima qilish kerakligini tushuntirardi. Oʻsha paytlarda akam menga faqat aka emas, balki ustoz boʻlib qolgan edi.

Mana ulgaydim, u hali hamon mening suyangan togʻim. U turmush qurdi, va uning ikkita farzandi ham bor. Shunga qaramasdan, u hali hamon mendan oz mehrini ayamaydi, qandaydir muammoyim boʻlsa, unga aytsam, tez hal qilib beradi. Har safar undan yordam soʻrasam, u menga yordam berishni hech qachon rad etmaydi. Unga qanchalik rahmat aytsam, hali ham kam boʻladi. Akamning menga boʻlgan mehrini his qilganimda, qalbimni toʻldirgan xursandchilikni so'z bilan ifodalash qiyin.

Akam, men uchun, shunchaki aka emas. U mening suyangan tog'im. U doim orqamda turadi, lekin men har doim uning yelkalaridan kuch olishni his qilaman. Mening hayotimda akamning o'rni beqiyosdir. U hech qachon men uchun bir qadam ham chekinmagan, doimo yonimda bo'lib, meni har qadamda qo'llab-quvvatlagan. U meni faqat aka sifatida emas, balki eng yaxshi do'stim sifatida ham sevadi.

Akamning hayotidagi o'zgarishlarga qaramay, u meni hech qachon unutmagan. Hozirda u oilali, ikki farzandining otasi, lekin uning meni quchog'ida doimo o'sha mehrni sezaman. U menga nafaqat aka bo'lishni, balki har doim hurmat qilishni o'rgatgan. Men unga har doim minnatdorman.

Agar sizning ham akangiz bo'lsa, uni qadrlang. Chunki u nafaqat sizni himoya qiluvchi odam, balki sizni har doim qo'llab-quvvatlovchi, do'st va o'rgatuvchi inson. Mening akam – mening suyangan tog'im, va men bu tog'dan hech qachon tushishni xohlamayman.

\*\*\*\*\*\*

**Valiyeva Maftuna Bahodir qizi**
2001 yil 18- iyunda Buxoro viloyatida tavallud topgan. Toshkent Tibbiyot Akademiyasi 1- kurs magistratura talabasi. Iqtidorli talabalar safidan oʻrin olgan. Akademiyaning magistratura talabalari oʻrtasidagi "Yosh olimlar" konferensiyasida faxrli 1- oʻrin sohibi. Toshkent Tibbiyot Akademiyasida tashil etilgan "Tibbiyotdagi Zulfiyalar" klubining kreativ gʻoyalar yoʻnalishi koordinatori. Ilmiy sohada konferensiya va tanlovlarda faol ishtirokchi. Toshkent Tibbiyot Akademiyasi "Zamonaviy

tibbiyotning dolzarb muammolari" mavzusiga bag'ishlangan Xalqaro yosh olimlarning ilmiy-amaliy konferensiyasida faoll ishtirok etib 5- seksiyasida 3-o'rinni egallagan.

### Ekran ortidagi sukut
**Valiyeva Maftuna Bahodir qizi**
Toshkent Tibbiyot Akademiyasi

Epigraf: "Inson faqat sukunatda haqiqatan ham o'zini anglaydi" — Carl Jung.

Bugun odamlar uyg'onsa, avval ko'nglini emas — ekranini tekshiradi. Yuzlar hali yuvilmasdan, qalblar hali uyg'onmasdan, barmoqlar allaqachon bildirishnomalarni varaqlamoqda. Har tong — yangi xabarlar, yangi suratlar, yangi yangiliklar, lekin ko'pincha — eski sukunat.

Raqamli olamda yashayotgan insonlar, go'yoki bir-biriga yaqin: xabar yuborish uchun faqat bitta bosish kifoya. Ammo aynan shu "qulaylik" ichida chuqur bo'shliq yashirin. Haqiqiy muloqot endi qulog'imizda emas — ko'zimizda. Suhbatlar ovozsiz, yuzlar filtrlab bo'yalgan, tuyg'ular esa "emoji" ortiga yashiringan.

Bu sukunat — shunchaki jimlik emas. Bu — aytilmagan gaplar, yuborilmagan xatlar, yozilib-yarim qolgani uchun o'chirilgan so'zlarning akssadosidir. Har bir "online" belgisi orqasida bir inson bor. U kutyapti. Yozmoqchi. Ehtimol, yozmaslikni afzal ko'rmoqda. Va yana sukunat davom etmoqda...

Rivojlanayotgan texnologiyalar bizga dunyoni ochdi, lekin qalbimizni yopib qo'ygandek. Raqamli aloqa tez, ammo yuzaki. Uni ushlash mumkin, ammo his qilish qiyin. Shuning uchun bugun jamiyat ichra eng chuqur yolg'izlik — aynan ekran ortida yashirinmoqda.

Sukut — bu ba'zida inson qalbining eng baland hayqirig'idir. Ammo raqamli dunyoda bu sukunat ko'r-ko'rona "scroll" qilish, fikrsiz like bosish, "yozib o'chirilgan" xabarlar bilan ifodalanadi. Yuzlab do'stlar, minglab kuzatuvchilar orasida inson o'zini hech qachon bunchalik yolg'iz his qilmagan. Texnologiya bizni virtual dunyoda birlashtirgani sayin, real hayotda ajratib qo'ymoqda.

Biz "ko'ryapmiz", lekin anglamayapmiz. "Eshitayapmiz", lekin tinglamayapmiz. Har bir inson ekrani ortida o'zicha yashaydi: biri kulayotgan surat yuklaydi, ammo ko'zlari yoshga to'la; boshqasi "hammasi joyida" deb javob yozadi, ammo ich-ichidan ko'mak kutadi. Biz bir-birimizning "status"larimizni bilamiz, ammo ruhiy holatimizni bilmaymiz.

Ekran ortidagi muloqot ko'pincha yuzaki, shablon va avtomatlashtirilgan. "Qandaysan?", "Zo'rman", "Sen-chi?" — bu savol va javoblar hayotiy emas, balki odatga aylangan ritualdir. Bu esa insonlar orasidagi haqiqiy aloqaning asta-sekin so'nishiga olib kelmoqda. Odamlar yuragini gap emas — emoji ifodalayapti.

Raqamli sukunatning eng xavflisi shundaki, u odatlanadi. Odamlar jimjitlikni tanlaydi, gapirishdan qo'rqadi, tushunmaslikdan cho'chiydi. Va oxir-oqibat — ichki dunyosini "arxiv"ga joylab qo'yadi. Ich-ichidan "men borman!" deb baqirayotgan qalblar jamiyatda jim yurishni o'rganib qolmoqda.

Ammo bu jimjitlik zamirida bir iltijo bor — tushun, his qil, eshit... Ekran orqasidagi inson ham hayotiy, nozik va ehtiroslarga to'la mavjudotdir. Faqat u — gapirishni unutgan, yuragiga esa virtual aloqa yetarli emas.

Bugungi dunyo ekranning yoritgan yorug'ida yashaydi, ammo uning orqasida jinoyatga aylangan sukut yotadi. Texnologiya bizni bir-birimizga yetkazmoqda, lekin faqat vizual darajada. Haqiqiy aloqalar esa juda tez so'nib borayotgan o'tga o'xshaydi. Ekran orqasida bir necha so'z va qo'llar orasida, biz eng kerakli voqealarni o'tkazib yuborayapmiz: haqiqiy muloqot, samimiylik va insoniylik.Biz har bir daqiqani ekranda yashirishni va uni faqat tashqi ko'rinishda ifodalashni afzal ko'ramiz. Yozilgan so'zlar o'zining haqiqiy ohangini yo'qotib, ma'nosiz va yuzaki bo'lib qoladi. Odamlar bir-birini yaxshi bilishadi, lekin ularni chuqur tushunish qiyin.

Zamonaviy muloqot texnologiyalari bizga yangi imkoniyatlar ochdi, ammo ular bizni ichki olamimizdan chetlatib yubordi. Texnologiya insoniyatni birlashtirishga xizmat qilishi kerak edi, lekin ular bir-birini eshitishdan ko'ra o'z egolarini tasdiqlashga imkon yaratdi. Bugun biz birgalikda bo'lishni unutganmiz, faqat o'zimizni ko'rishni xohlayapmiz. Raqamli era bizni qayta aloqa qilishga undaydi, ammo bu aloqalar nafaqat yuzaki, balki yolg'onroq bo'lib boradi.

Ekran ortidagi sukut, aslida insoniyatning haqiqiy muammosi bo'lib qolmoqda. U virtual olamda ko'p gapirilgan bo'lsa-da, ichki olamda hech qachon so'zlanmaydi. Bu sukutni yengish uchun, bizga yana his qilish, tinglash va so'zlashni o'rganish kerak. Insoniy aloqalar — bu texnologiyalarning emas, balki qalblarning ishi.

Faqatgina qalblar bir-birini haqiqatan ham tushunsa, dunyo ichidagi sukut chindan ham yoʻqoladi.

******

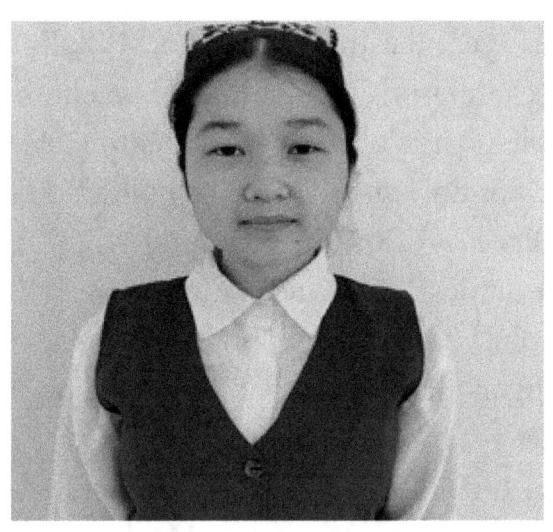

**Nazarova Nozima Axmat qizi** 2009-yil 11-martda Sirdaryo viloyati Mirzaobod tumanida tavallud topgan. Hozirda Sirdaryo viloyati Guliston shahri Halima Xudoyberdiyeva nomidagi ijod maktabining 9-sinf o'quvchisi hisoblanadi.

### Sabr

Bugun barcha orzular ushaladigan kun. Men bu kunni yigirma yil kutdim. Kim uchundir bu qisqa vaqtdek tuyulishi mumkin, lekin men uchun bunday emas. Yigirma yil bu oz-muncha muddat emas. Bir lahza yigirma yil ichida bo'lgan voqealar hayolimdan birin-ketin o'ta boshladi. Ota-onam, aka-opalarim, atrofimdagi barcha insonlar: yaqinlarim, do'stlarim. Bolaligim, bir dunyo xotiralarim, qiyinchiliklar, barcha barchasi go'yo bir tushga o'xshaydi. Kimlardir bu yilning har bir kunini quvonch, baxt bilan o'tkazgan, kimlardir esa aksi. Eng muhimi yigirma yillik sabr va natijasi. Albatta, qiziqayotgan bo'lsangiz kerak, bu inson nega bugun barcha orzular ushaladigan kun deyotgan ekan deb. Keling, boshidan aytib beraman sizga.

Yigirma bir yil oldin, mart oylari, endi daraxtlar gullashni boshlagan payt. Moshinalar ovozi, ko'chadagi bolalar shovqini, qizlarning hovlini supurishlari, ayollarning non yopishlari barchasi o'zgacha zavq bag'ishlaydi. Jasur va xotini Nigora eng baxtli oilalardan biri hisoblanadi. Dunyoda ulardan baxtli inson yo'q. Ularning 2ta qizi va 1 nafar o'g'illari bor. Katta qizini ismi Nilufar 7 yosh, kichgina qizi Laziza esa 4 yoshar. Bitta-yu bitta o'g'li Doniyor endigina 1 yoshni qarshi olgan. Farzandlari bir- biridan shirin, beg'ubor ediki, barcha qarindoshlar-u, qo'ni-qo'shnilar ularni yaxshi ko'radi. Nilufar bu yil maktabga chiqqan. U juda aqilli qiz, maktabda eng zo'r o'qiydigan hisoblanadi. Ota-onasi qizi bilan faxrlanadi. Ko'zlari tim qora, kipriklari uzun bu qizni ko'rgan barchaning yuzida tabassum paydo bo'ladi. U nafaqat o'qishda, balki uy ishlarida ham unga teng keladigani yo'q. Onasi hech qiynalmasdi, oldida shunday chaqqon, mehnatkash qizi bo'lgandan keyin. Laziza esa bolalar bog'chasiga boradi. Lekin u Nilufarga o'xshamasdi. Sal o'yinqaroq, to'palonchi qiz edi. Lekin juda mehribon ota-onasini juda yaxshi ko'radi. Xatto boshida ota-onasini ukasidan ham qizg'onardi. Lekin vaqt o'tishi bilan Laziza bunga asta ko'nika boshladi. Kunlari shu zaylda o'tib borardi. Yoz fasli adashmasam avgust oylari ikkinchi qizi Lazizaning tug'ilgan kuni u besh yoshni qarshilayotgandi. Uyda barcha qarindoshlar, qo'ni-qo'shnilar, xola-ammalar-barchasi shu yerda. Dasturxon noz-ne'matlar bilan to'la. Eng muhimi, Laziza xursand edi. Kech bo'ldi barcha mehmonlar uylariga ketishdi. Er-xotin va farzandlari charchaganidan tez uxlab qolishdi. Erta tong Jasur har doimgiday ishiga ketdi, u fermada ishlardi. Nigora qizlarini uyg'otish uchun yotoqxonaga keldi, chunki ish ko'p edi, kichkina qizi bog'chaga borishi kerak. Xonaga kirishi bilan qo'rqib ketdi, chunki ikkala qizi ham isitma qilib, kasal bo'lib yotardi. Tezda shifoxonaga olib bordi. O'g'li Doniyorni esa qo'shnisiga tashladi. Jasur xabarni eshitib tez yetib keldi. Shifokor qizlarni operatsiyaga olib ketdi. Oradan bir necha soatlar o'tdi, lekin hali ham darak yo'q. Jasur va Nigora o'zlarini qo'yarga joy topolmasdilar. Kechagina o'ynab, kulib yurgan qizlari shifoxonada, o'lim bilan olishayapti. Kechagina dunyoda ulardan baxtli oila yo'q edi. Ular qanday qilib qizlari bu ahvolga tushganini o'ylardi. Vanihoyat shifokor chiqdi. Jasur yugurib keldi, qizlarining ahvolini so'radi, lekin shifokorning ko'rinishi yaxshi emasdi. Buni payqagan Jasur biron narsani sezganday, bu safar sekin tovushda so'radi. Shifokor esa kichik qizi Lazizaning ahvoli yaxshiligini, ikki-uch kundan keyin uyga javob berishlari mumkin ekanligini aytdi. Lekin katta qizi Nilufarning ahvoli og'ir ekanligini, u haqida aniq bir narsa deyolmasligini aytdi. Birdan bir umid xudodan edi. Jasur va Nigora na xursand bo'lishini bilardi, na xafa bo'lishini. Bir qizi sog'ayishini aytsa , bir qizi og'ir ahvolda. Ota-onaga bundan og'ir narsa bo'lmasa kerak . Uch- to'rt kun o'tib Lazizaga ruxsat berishdi, Jasur Lazizani akasini uyiga tashlab keldi. Chunki o'zlari ertalabdan kechgacha shifoxonada Nilufarni tuzalib ketishlarini kutishardi. Oradan bir hafta, ehtimol o'n kun o'tgandir. Lekin hamon Nilufardan xabar yo'q, shifokorlar aniq bir javob berishmasdi. Jasur va Nigoraning na yeyishida, na uxlashida halovat bor. Ertalabdan kechgacha duo qilar, farzandi tuzalishini, yana avvalgiday baxtli oila bo'lib yashashini xohlardi. O'n birinchi kun shifokorlar Nilufarning ahvoli o'g'irlashganini aytishdi. Er-xotin qo'rqib ketishdi, barcha umidi xudodan edi. Oradan ikki-uch soat o'tdi, nihoyat shifokor chiqdi Jasur va Nigora umid ko'zlari bilan shifokorga boqardi. Lekin shifokorning ko'rinishi buning aksi edi, u er-xotinga qo'lidan kelgan barcha ishni qilganliklarini aytdi... Ota-onaning farzandidan ayrilishi qanchalik og'ir ekanligini bilsangiz kerak. Ular nima qilishini bilmasdi, ular hamon bu qanday bo'ldi, qanday birdaniga kasal bo'lib qoldi deb o'ylashardi.

Bir necha kunlardan so'ng Jasur va Nigora farzandlarini ko'rishdi, chunki shu paytgacha ishlar bilan bo'lib farzandlariga e'tibor berishmayotgandi. Kichik qizi Laziza ham ancha yaxshi bo'lib qoldi, ota-onasi undan nima qilganliklarini so'radi, Laziza tug'ilgan kunida xolalari va tog'alari pul berganliklarini va shu pulga har xil narsalar olib yeganini aytdi. Jasur bir muddat o'ylanib qoldi, nega bularni e'tiborsiz qoldirdim, ehtimol iste'mol qilib bo'lmaydigan narsalarni yeb qo'ygandir? Va birdan o'zidan nafratlanib ketdi. Lekin endi kech edi…

Oradan bir yil o'tdi. Jasur va Nigoralar xonadonida yana bir qizaloq dunyoga keldi. Er-xotin shunchalar xursand ediki, barcha bo'lgan voqealar bir zumga unutilgandi. Qizaloqqa Nilufarning xotirasi uchun Yodgora deb ism berishdi. Jasur va Nigora yana baxtli hayot kechira boshladi. Laziza maktabga borishni boshladi Doniyor esa bog'chaga borardi. Endi hayotini yangidan boshlagan, yomon xotiralarni bir zumga bo'lsa ham unutgan, xayotini shirindan shirin farzandlariga bag'ishlayotgan bir paytda Jasurning ishlari orqaga qarab ketardi. U ishlayotgan firmaning egalari juda katta qarzga botganliklari sababli firma yopilishi e'lon qilindi. Aksiga olib, Nigora ham hech qayerda ishlamaydi. Yangi ish topish uchun esa ancha vaqt kerak. Yana yo'qchiliklar boshlandi. Bu orada esa farzandlari ancha katta bo'lib qolgandi, ularning ham yeyman, ichaman degan paytlari. Ota- ona uchun bu holatga tushish qanchalik qiyin bo'lmasin Jasur va Nigora sabr qilishdan boshqasini qilolmasdilar. Oradan ancha vaqt o'tdi, bu orada ular ancha qiynalishdi. Qozonlarda issiq ovqatlar qaynamay qo'ydi. Bolalarni esa bir amallab qornini to'yg'azishardi. Jasur ish topguncha Nigora dalalarga ishga chiqdi, oz muncha bo'lsa ham pul topishga harakat qilardi. Ba'zida Jasur bo'layotgan ishlarni ko'rib, o'zidan nafratlanar, ko'ziga dunyo tor bo'lib ko'rinardi. Lekin u ishonardi, bu qiyinchiliklarni yengib o'tishiga. U to'xtamasdan harakat qilardi, kechqurinlari kech uxlar, ertalab erta turadi. Vahihoyat u o'ziga mos ish topdi, hayoti asta-sekin o'zgara boshladi. Buning sababi, boshiga tushgan qiyinchiliklardan nolimadi, doimo oldinga intildi, harakatdan to'xtamadi. Natijasini esa mana ko'rib turibsiz. Hayotlari yana oldingiday baxtli davom etardi. Bu orada barcha farzandlari maktabga boradigan bo'lishdi. Oradan bir necha yillar o'tdi. Katta qizi Toshkentga o'qishga kirdi. O'g'li va kichik qizi Yodgora maktabga boradilar. Yodgora maktabda eng a'lochi. Ba'zan uni ko'rganlar Nilufarga o'xshabdi, odobi ham chiroyi ham, Nilufarning o'zi deb aytardi. Lekin Yodgora nega bunaqa deyishayotganiga hech tushunmasdi, chunki ota-onasi unga Nilufar haqida aytishmagandi. Bir kuni, ha o'sha kun, u barchasini bildi. Ya'ni maktabdan qaytayotib uyga kelsa, uyda buvisi kelgan ekan . Buvisi dadasi bilan gaplashayotgandi. Buvisi dadasiga:" Nilufarning o'lganigayam o'n yildan oshdi, balki Yodgoraga bu haqida aytarsan, u ham bilishga haqli",-dedi. Buni eshitgan Yodgora ko'zlaridan yum-yum yosh oqardi. "Nahot menga bu haqida aytishmadi",-deb hatto ota-onasidan ham biroz jahli chiqdi. Lekin oxirida u tushunib yetdi, ota-onasi unga qanday aytadi, aytayotib barcha xotiralari yodiga tushushini va yana qiynalishini o'yladi. Shu tariqa ota-onasi unga aytmadi, Yodgora faqatgina Nilufar ismli opasi bor bo'lganligi bildi xolos... Jasur va Nigora farzandlarining o'qishini xohlardi. Ular biz kabi ishsizlikdan qiynalmasinlar deb barcha farzandini o'qitishdi. Yodgoradan esa umidlari katta edi. Jasur va Nigora yemasdan, kiymasdan farzandlarini o'qitdi. Hozir esa barcha farzandlari nufuzli oliygohlarda o'qiyapti. Ularning qilgan duolari, tinimsiz mehnati va eng muhimi, sabr qilib, bu qiyinchiliklardan o'tganligi ularning eng katta yutug'i hisoblanadi. Hozir esa ulardan baxtli oila yo'q...

Mana yigirma yilni nega kutganligim sababi ota-onamning shuncha qiynalganliklari, lekin biz uchun, o'qishimiz uchun tinmasdan qilgan harakatlari uchun men bugun mana shunday darajaga yetdim, nufuzli universitetga kirdim. Eng katta orzum bugun amalga oshadi. Ota- onam shuncha qiynalganliklari sababli, bugun ularga mening kichik sovg'am bor. Dadam doimo moshina haydashni, onam esa barcha sharoitlarga ega bo'lgan chiroyli xonadoni bo'lishini xohlardi. Men bugun ularning orzularini amalga oshiraman. Bu qanchalik men uchun muhim ekanligini bilsangiz edi. Vanihoyat men o'z orzumga yetdim. Bugun ular juda xursand, ko'zlaridan quvoch ko'zyoshlari oqyapti. Men esa maqsadimga yetdim, eng muhimi, boshingizga qanday qiyinchilik tushmasin barchasiga sabr qilsangiz va harakatdan to'xtamasangiz barchasi yaxshi bo'ladi ,men bunga ishonaman. Ha aytgancha, men o'sha Yodgoram.

\*\*\*\*\*\*

**Elmurodova Gulibonu Bekzod qizi**
Axborot texnologiyalari va menejment universiteti 1-kurs ingliz tili talabasi
**ISHONCH MUVAFFAQIYAT KALITI**

**Elmurodova Gulibonu Bekzod qizi**
Axborot texnologiyalar va menejment universiteti 1-kurs ingliz tili talabasi
**Annotasiya:** Ushbu maqolada ishonch tushunchasi va uning shaxsiy hamda jamiyat hayotidagi o'rni tahlil qilish ,maqolada ishonchning ta'siri,ijtimoiy jarayondagi ahamiyatini ko'rib chiqadi .Ishonchni barqarorlik va taraqqiyotga ta'siri turli nazaryalar orqali ochib

beradi.

**Kalit so'zlar:**

ishonch,barqarorlik,taraqqiyot,jamiyat,subyektlar, pozitsiya.

"O'ziga ishongan inson dunyoni zabt etadi ".
R.U.Emerson.
"Boshqalarga ishonch bildirish,
o'zimizga ishonchimiz belgisi "

M.Gorkiy.

Avvalambor, ishonch bu subyektlar hayotidagi muhim omillardan biridir balki shaxsiy muvaffaqiyat, jamiyatdagi munosabatlar, kasbiy o'sish va oilaviy baxt uchun ham zarurdir .Agar subyektda ishonch yetarlicha paydo bo'lsa hayotda dadil qadam tashlaydi va maqsad sari intiladi.Ishonch ,ishonch va yana ishonch bu so'zni takrorlash miyada signal hosil qiladi va har o'qiganimizda miyamizda yangilanadi, tahlil qiladi va tushunishga hamda keng qo'llash uchun sharoit yarata boshlaydi.

O'ziga ishonch taraqqiyot asosi :

O'ziga nisbatan ishonch pozitsiyasi qayinchiliklardan qo'rqmaydigan va doimo o'z ustida ishlaydigan subyekt sifatida rivojlanadi .Ishonchni rivojlantirish uchun

quydagilar muhim:
Bilim va tajriba
Yangi narsalarni o'rganish ishonchni mustahkamlaydi.
Amaliy harakat
Qancha ko'p harakat qilinsa o'ziga ishonch ortib boradi.
Pozitiv fikrlash
Salbiy fikrlash ishonchsizlikni oshiradi ijobiy yondashuv esa maqsadga muvofiq.

BOSHQALARGA ISHONCH MUSTAHKAM MUNOSABATLAR

Shak-shubhasiz jamiyatdagi barqarorlik oilaviy baxt hamda do'stlikning asosi o'zaro ishonchidir.Ishonch yo'q joyda shubha va adovat bo'lishi tabiiy hol.
Muhim jihatlar:
1-Oilaviy ishonch -ota-ona,farzand va turmush o'rtoq o'rtasidagi ishonch xotirjamlikni ta'minlaydi
2-Kasbiy ishonch-Ish faoliyatida o'sishning muhim omillaridan biri bo'lib o'ziga nisbatan motivatsiyani belgilaydi
3-Do'stlik va hamkorlik -Do'stlar va hamkasblar o'rtasidagi har qanday adovat va ziddiyatlarga nuqta qo'yadi

Quyidagilarga asoslanib ishonch hayotdagi eng katta boyliklardan biri desak bo'ladi .O'ziga ishongan subyektda orzulariga erishishi uchun qadam qo'yish, boshqalar bilan munosabatda bo'lish va unga ham ishonch bildirish kabi holatlar ancha yaxshi shakllangan bo'ladi .Shunday ekan ishonchni mustahkamlash va saqlashga harakat qilishimiz lozim.Ishonch juda muhim,chunki u bizga o'zimizni xavfsiz his qilishga yordam beradi bu hayotdagi eng muhim bo'lishi va qat'iyat bilishimiz kerak bo'lgan omil.
Ishonch paydo bo'lishi uchun:
Dastlab hamma yerga ishonch haqida kichik eslatmalarga yon-veringizni boyiting
Qo'rquvlaringiz bilan yuzlashing hayolingizda
So'ngra amalda qo'llab ko'ring
Avval chuqurroq salbiy va ijobiy o'ylang taraflarini
Haqiqatan ham sizga kerakmi bu qurquv bilan yuzlashish
So'ngra amalda qo'llang
O'zingiz ustida ko'proq ishonch bilan bog'liq meditatsiya qiling
Psixolog bilan suhbatlashib ko'ring shu mavzuda
Ochiq dars,vebinarlar sotib oling
Ishonch bilan oid videolar tomosha qiling

O'ziga nisbatan ishonch yuqori insonlarni ko'zating

O'zligingizni toping

Umuman bu masalada moddiy yoki ma'naviy tarafdan qocha ko'rmang,bu qochish sizga qimmatga tushushi mumkin.Bu omilni yo'qotishlariz ortiqchasi bilan albatta qaytadi faqat va faqat qati'y intizom asosida amal qiling.

**Foydalaniladigan adabiyotlar ro'yxati**

1-Abdullayeva N.(2020)Psixologiya asoslari

2-G'afurova M (2019)Shaxs motivatsiyasi va ishonchning ahamyati

3-Robbins (2017)ichki kuchni uyg'ot

\*\*\*\*\*\*

**Rismetova Xilola Toirjonovna**
O'qish joyi: Kimyo International University in Tashkent
Magistratura bosqichi MPRE 1U
Ish joyi: Ns mesical klinikasi va 28-DMTT

## MAKTABGACHA TA'LIM TASHKILOTLARIDA RAQAMLI TEXNOLOGIYALARNING AHAMIYATI

Toshkent kimyo xalqaro universiteti,
Maktabgacha ta'lim yo'nalishi,
Magistratura talabasi
**Rismetova Xilola Toirjonovna**

**Annotatsiya:** Raqamli texnologiyalar bugungi kunda ta'lim tizimining ajralmas qismiga aylangan. Maktabgacha ta'lim tashkilotlarida raqamli texnologiyalarning joriy etilishi, bolalarning bilim olish jarayonini yanada samarali va qiziqarli qilishga yordam beradi. Maqolada texnologiyalar orqali tarbiyalanuvchilarning motivatsiyasini oshirish va tarbiyachilarga yangi pedagogik yondashuvlarni qo'llash haqida so'z boradi.

**Kalit so'zlar:** Maktabgacha ta'lim tizimi, raqamli texnologiyalar, ta'lim , innovatsion ta'lim ,virtual vositalar.

Raqamli texnologiyalar inson faoliyatining barcha sohalarida qo'llanilmoqda, jamiyatdagi axborot oqimlari orqali tarqalib, global raqamli makon yaratadi. Bugungi kunda ular dunyo bo'ylab keng tarqalib, jamiyatimiz yangilangan axborotga ehtiyoj sezmoqda. Raqamli texnologiyalar jamiyatning ko'plab sohalarida faol qo'llaniladi, ularning asosiy yo'nalishi esa ta'limni raqamlashtirishdir. Ta'lim jarayonlarini raqamlashtirishga hozirda katta e'tibor qaratilmoqda, chunki raqamli texnologiyalardan foydalanish o'qitishning pedagogik usullarini yanada takomillashtirishda muhim rol o'ynaydi. Maktabgacha ta'lim tashkilotlarida raqamli texnologiyalarning ahamiyati juda katta. Ular ta'lim jarayonini yanada samarali va qiziqarli qilishga yordam beradi. Quyida maktabgacha ta'limda qo'llaniladigan asosiy raqamli texnologiyalar keltirilgan:

Raqamli texnologiyalar maktabgacha ta'lim tashkilotlarida ta'lim jarayonini yanada samarali va qiziqarli qilishda muhim rol o'ynaydi. Ular bolalarning o'qish va rivojlanish jarayonlarini qo'llab-quvvatlash, shuningdek, pedagogik usullarni takomillashtirishda yordam beradi.

Birinchidan, raqamli texnologiyalar ta'lim samaradorligini oshirish imkonini beradi. Interfaol darsliklar, o'yinli dasturlar va 3D texnologiyalar orqali ta'lim jarayoni bolalar uchun qiziqarli va tushunarli bo'ladi. Bu ularning diqqatini jalb qilish va bilimlarni yaxshiroq o'zlashtirishiga yordam beradi. Vizual va audiovizual materiallar bolalarning ta'limga bo'lgan qiziqishini oshirib, bilim olish jarayonini yanada samarali qiladi.

Ikkinchidan, raqamli texnologiyalar individual yondashuvni ta'minlaydi. Har bir bola o'zining o'rganish sur'ati va uslubiga ega bo'lgani sababli, moslashtirilgan ta'lim dasturlari ularning ehtiyojlariga mos keluvchi topshiriqlarni taqdim etadi. Bundan tashqari, maxsus ehtiyojli bolalar uchun mo'ljallangan texnologik vositalar ularning ta'lim jarayonida to'laqonli ishtirok etishini ta'minlaydi.

Uchinchidan, bolalarda mustaqil o'rganish ko'nikmalarini shakllantirish imkoniyati paydo bo'ladi. Raqamli resurslar bolalarga mustaqil ravishda bilim olish, o'z qiziqishlariga qarab yangi mavzularni o'rganish va muammolarni mustaqil hal qilish imkonini yaratadi. Elektron darsliklar, interfaol ilovalar va dasturlash asoslari orqali bolalar kelajakda mustaqil o'rganish qobiliyatini rivojlantiradi.

To'rtinchidan, audiovizual vositalar yordamida o'quv jarayonini yanada samarali qilish mumkin. O'yin shaklidagi videodarslar, animatsiyalar va virtual reallik texnologiyalari orqali bolalar yangi bilimlarni tezroq o'zlashtiradi. Shuningdek, ovozli kitoblar va ta'lim podkastlari eshitish orqali o'rganishga moyil bolalar uchun ayniqsa foydalidir.

Beshinchidan, raqamli texnologiyalar pedagoglar uchun ham qulaylik yaratadi. Elektron jurnal va avtomatlashtirilgan baholash tizimlari orqali tarbiyachilar bolalarning rivojlanishini kuzatishi, natijalarni tahlil qilishi va ta'lim jarayonini samarali rejalashtirishi mumkin. Bundan tashqari, distant ta'lim imkoniyatlari zarur holatlarda onlayn ta'limni tashkil qilishga yordam beradi.

Raqamli texnologiyalar har bir bolaning o'ziga xos o'rganish usuliga moslashish imkonini beradi. Moslashtirilgan ta'lim dasturlari bolaning individual xususiyatlariga qarab bilimlarni taklif etib, har bir bola uchun qulay o'rganish muhitini yaratadi. Shuningdek, maxsus ehtiyojli bolalar uchun maxsus interfaol materiallar va ilovalar mavjud bo'lib, ularning ta'lim jarayonida faol ishtirok etishiga yordam beradi.

Bolalarning mustaqil o'rganish ko'nikmalarini shakllantirishda ham raqamli texnologiyalarning o'rni beqiyosdir. Elektron darsliklar, ta'lim ilovalari va dasturlash asoslari orqali bolalar mustaqil ravishda yangi bilimlarni o'zlashtirishi va turli muammolarni hal qilish qobiliyatini rivojlantirishi mumkin. Shuningdek, VR va AR texnologiyalari orqali bolalar real hayotda kuzatish imkoni bo'lmagan hodisalarni vizual tarzda o'rganish imkoniyatiga ega bo'ladilar.

Raqamli texnologiyalar tarbiyachilar uchun ham ko'plab qulayliklar yaratadi. Elektron davomad va avtomatlashtirilgan baholash tizimlari yordamida tarbiyachilar bolalarning rivojlanish jarayonini kuzatib borishlari va ta'lim jarayonini samarali rejalashtirishlari mumkin. Bundan tashqari, ota-onalar farzandlarining ta'lim jarayonini onlayn kuzatib borish va tarbiyachilar bilan aloqada bo'lish imkoniga ega bo'ladilar.

Biroq, raqamli texnologiyalardan foydalanishda ma'lum ehtiyot choralariga rioya qilish lozim. Bolalarning ekran oldida o'tkazadigan vaqti me'yorida bo'lishi, ta'lim mazmuni yoshiga mos va sifatli bo'lishi hamda raqamli ta'lim jismoniy mashg'ulotlar va real o'yinlar bilan uyg'unlashtirilishi zarur.

Xulosa qilib aytadigan bo'lsak, raqamli texnologiyalar maktabgacha ta'limda o'quv jarayonining sifatini oshirish, bolalarning qiziqishini kuchaytirish va ularning bilim olish jarayonini samarali qilishda katta ahamiyatga ega. Ular bolalarning mustaqil ta'lim olish qobiliyatini rivojlantirib, interfaol va individual yondashuvni ta'minlaydi. Shu bilan birga, pedagoglar va ota-onalar uchun ham qulaylik yaratib, ta'lim

jarayonini samarali boshqarishga yordam beradi.
Kelajakda raqamli texnologiyalar maktabgacha ta'lim muassasalarida yanada keng joriy etilishi kutilmoqda. Shu sababli, pedagoglar va ota-onalar ushbu texnologiyalardan to'g'ri foydalanish bo'yicha bilim va ko'nikmalarni oshirishlari lozim.

**Foydalanilgan adabiyotlar:**

Axmedova D., Karimov A. Ta'limda raqamli texnologiyalar: innovatsion yondashuvlar. Toshkent: O'zbekistan Milliy Ensiklopediyasi, 2021.

Xolmirzayeva G. Maktabgacha ta'lim tizimida axborot texnologiyalaridan foydalanish imkoniyatlari. Toshkent: Fan va Texnologiya, 2020.

UNESCO. Digital Learning in Early Childhood Education: Best Practices and Challenges. Parij, 2022.

Shodmonov S. Pedagogik texnologiyalar va innovatsion ta'lim. Toshkent: Ilm-Ziyo, 2019.

O'zbekiston Respublikasi Prezidentining "Raqamli O'zbekiston – 2030" strategiyasi bo'yicha qarori, 2020-yil.

Vygotsky L.S. Thought and Language. Cambridge, MA: MIT Press, 1986.

Papert S. Mindstorms: Children, Computers, and Powerful Ideas. New York: Basic Books, 1980.

O'zbekiston Respublikasi Maktabgacha Ta'lim Vazirligi. Maktabgacha ta'limda innovatsion texnologiyalar joriy etish bo'yicha metodik qo'llanma, 2023.

\*\*\*\*\*\*

**MIRKOMILJON DARXANOV**

1993 – yil 21 – mayda Samarqand viloyati Payariq tumani Chelak shahrida tavallud topgan. Hozirda Samarqand agroinnovatsiyalar va tadqiqotlar instituti talabasi. Ilk she'riy to'plami 2019 - yil "Sohir tonglar" nomi bilan chop etilgan. Ijod namunalari Respublika miqyosidagi "Hilol" va "Uyg`onish" , Xalqaro miqyosida "O`zbekiston liderlari", "Ma`rifat elchilari", "Biz talantli yoshlarmiz", "Kuz tuhfasi"  nomli almanax to`plamlaridan joy olgan...

## SHOIRNING KECHALARI

Kechalari oromim, uyqum qochgan,
Hammaning xonasida chiroq o`chgan.
Menda esa fikr, mulohaza jangi
Dilda bori she`rlarimga ko`chgan.

Bu ham bedavo dardmi axir,
Qutilib bo`lmas xoxlasangda.
Miyamda charx urib aylanar
So`zlar tovlanar, kamalak rangda.

So`z degani go`yo bolakaydek,
Biri charxpalakda uchar qiqirlab.
Yana biri mungli, o`ychan
O`ziga e`tibor qiladi talab.

Menchi ularga katta akadek,
Barchasin ko`nglin olmoq istayman.
Joylashtirib birin - ketin asta
Mehribon onadayin allalayman.

Qofiya ularga qo`yilgan musiqa,
Xonishimga bo`ladi hamohang.
Bu azobim bilsangiz baxtdir
G`uborlarim tarqab ketti qarang…

## A'ZA QILMANG

Gar bu dunyoni etsam hamki tark,
Ummon tub tubiga bo'lsamda g'arq.
Ko'zdan yoshingiz to'kmangiz sira,
Menga yoqmagay bunday manzara...

A'za qilmang, foniy dunyodan etsam rihlat,
Meni yo'qligim bu jahonga emasdir ofat.
Zamonlar kechgan ne-ne buyuk zotlardan,
Ruhim ozor ko`rgay siz qilgan faryodlardan...

Kuling, kulgungiz his eta olay vujudimla,
Tilovatingiz bo'lgay eng yoqimli jumla.
Meni yaxshi so'z-la yod etsangiz bas,
Koshinli qabrtoshlar ham aslo kerakmas...

\*\*\*\*\*\*

**Zikiryayeva Xurshidaxon Toxirjon qizi,** 1999-yilda Farg'ona viloyatida tavallud topgan. Hozirda Farg'ona davlat universiteti Lingvistika o'zbek tili 2-kurs magistranti. Davlat olimpiadalari qatnashchisi.

## O'ZBEK TILIDAGI ARABCHA O'ZLASHMALAR : SEMANTIK O'ZGARISHLAR VA TIL TIZIMIGA TA'SIRI

Zikiryayeva
Xurshidaxon Toxirjon qizi

Farg'ona davlat universiteti magistranti

**Annotatsiya:** Maqolada arabcha o'zlashmalarning o'zbek tilida semantik o'zgarish jarayoni tadqiq qilinadi. O'zlashmalarning kengayishi, torayishi, neytrallashuvi va konnotativ o'zgarishlari lingvistik dalillar asosida izohlanadi. Shuningdek, arabcha o'zlashmalarning o'zbek tili tizimidagi o'rni hamda ularning ilmiy tahlili beriladi.

**Kalit so'zlar:** arabcha o'zlashmalar, semantik o'zgarish, ma'no kengayishi, neytrallashuv, til tizimi.

KIRISH

O'zbek tilida arabcha o'zlashmalar katta leksik qatlamni tashkil etadi. Ular asosan diniy, ilmiy va madaniy aloqalar natijasida til tizimiga kirib kelgan. Arabcha o'zlashmalar ko'pincha semantik jihatdan o'zgarib, o'zbek tilining leksik va semantik tizimiga moslashgan. Ushbu maqolada ushbu o'zgarishlar lingvistik nuqtayi nazardan tahlil qilinadi.

Arabcha o'zlashmalar o'zbek tilida turli semantik o'zgarishlarga uchragan. Ushbu jarayonlar quyidagi asosiy yo'nalishlarda namoyon bo'ladi:

Ma'no kengayishi. Ba'zi so'zlar dastlab tor

ma'noga ega bo'lsa, o'zbek tilida qo'shimcha ma'nolar hosil qilgan: "Ilm" (علم) – arab tilida faqat "bilim" degan ma'noda ishlatiladi, o'zbek tilida esa "ilmiy tadqiqot", "fan" ma'nosida ham keng qo'llanadi.

Misol : -Jamolboy aka, dini islomni qo'ldan bermasdan…zamon ilmlarini o'qilsa, zarar qilmaydi. ( Oybek «Tanlangan asarlar»)

"Kitob" (كتاب) – arab tilida faqat "yozma asar"ni bildirsa, o'zbek tilida kengroq qo'llanib, "darslik", "hujjat" kabi ma'nolarni ham qamrab olgan.

Ma'no torayishi. Ba'zi so'zlar o'zbek tiliga o'tganida faqat bitta kontekstda qo'llanila boshlaydi: "Maktab" (مدرسة) – arab tilida har qanday o'quv maskani ma'nosida ishlatilsa, o'zbek tilida faqat "umumta'lim maktabi"ni anglatadi. "Dars" (درس) – arab tilida "ta'lim olish" degan umumiy ma'noda bo'lsa, o'zbek tilida faqat "mashg'ulot" ma'nosida qo'llanadi.

Misol: -Nasiba darsda ekan, aytdim, dars tugashi bilan keladi. ( A.Qahhor. «Saodatning qissasi»)

Neytrallashuv. Ba'zi so'zlar dastlab diniy yoki rasmiy ma'noga ega bo'lgan bo'lsa, keyinchalik neytral tus olgan: "Jannat" (جنة) – arab tilida asosan diniy tushuncha bo'lsa, o'zbek tilida "orzu qilingan go'zal joy" ma'nosida ham ishlatiladi.

Misol: -Hamma narsa muhayyo boʻlgan, obod, rohatbaxsh, xushmanzara joy. Boʻlsin deymiz jahon bo'ylab

Insonlar yeri jannat. ( M. Shayxzoda)

"Savob" (ثواب) – arab tilida diniy tushuncha boʻlsa, oʻzbek tilida "ezgulik" ma'nosida ham qoʻllanadi.

Misol: -Doʻstlarim, qilmanglar bagʻrimni kabob, Gʻaribning koʻnglini ovlamoq – savob. (Ergash Jumanbulbul o'g'li)

Konnotativ oʻzgarishlar. Ba'zi soʻzlar oʻzbek tilida salbiy yoki ijobiy ma'no yuklamasiga ega boʻlgan. "Fitna" (فتنة) – arab tilida "sinov, vasvasa" degan ma'noni bildirsa, oʻzbek tilida "tuhmat, igʻvo" kabi salbiy ma'noga ega boʻlgan. "Jazo" arab tilida " mukofotkamoq" ma'nosida bo'lsa o'zbek tilida esa salbiy ma'noda oʻzlashgan.

Misol: -Ko'ryapsiz-ku , haq joyida qaror topadi, nohaq jazosini oladi. ( Sh.Rashidov «Boʻrondan kuchli»)

OʻZBEK TILIDA ARABCHA OʻZLASHMALAR BILAN BOGʻLIQ MUAMMOLAR

Fonetik muammolar. Oʻzbek tilida arabcha soʻzlarning talaffuzi va tovush tarkibida quyidagi muammolar kuzatiladi: Qattiq va yumshoq tovushlar farqi yo'qoladi. Arab tilidagi ع (ayn) va ء (hamza) tovushlari o'zbek tilida aks etmaydi (mas'uliyat → مَسْؤُولِيَّة).

Morfologik muammolar. Arabcha o'zlashmalar o'zbek tilida qo'shimchalar bilan ishlatilganda, ba'zan grammatik qoidalarga mos kelmaydi: Arabcha otlarning ko'plik qo'shimchalari noto'g'ri ishlatiladi.

Misol: Hodisa (حَادِثَة) → Hodisalar (aslida "havodis" shakli ham bor)

Ma'lumot (مَعْلُومَات) → Ma'lumotlar (aslida bu so'z allaqachon ko'plik ma'nosida)

Semantik muammolar. Arabcha so'zlarning ma'nosi o'zbek tilida o'zgargan yoki noto'g'ri tushunilgan holatlar mavjud: "Ijtimoiy" so'zi "jamiyatga oid" degani, lekin ba'zan faqat "davlatga oid" ma'nosida noto'g'ri tushuniladi.

Stilistik muammolar. Arabcha so'zlar ba'zan ortiqcha ishlatiladi . "Mening shaxsiy fikrim" → "Mening fikrim" (shaxsiy ortiqcha)

Ba'zi arabcha so'zlar eskirgan yoki o'rniga boshqa o'zlashmalar ishlatiladi, "mukammal" so'zi o'rniga "ideal".

Muammolarni bartaraf etish uchun tavsiyalar:

Arabcha o'zlashmalar bo'yicha maxsus izohli

lug'atlar yaratish.
Tilshunoslik tadqiqotlarida o'zlashmalarning zamonaviy qo'llanilishini o'rganish.
Ta'lim tizimida arabcha o'zlashmalarni izchil o'rgatish.

XULOSA

Maqolada arabcha o'zlashmalarning o'zbek tilidagi semantik o'zgarishlari tahlil qilindi. Ushbu so'zlar kengayish, torayish, neytrallashuv va konnotativ o'zgarishlarga uchrab, o'zbek tiliga moslashgan. Tadqiqot natijalari shuni ko'rsatadiki, ushbu o'zlashmalar til tizimida faol ishlatilmoqda va ularning leksik tizimdagi o'rni muhimdir.

**REFERENCES**

1. Eshonqulov B.X. Hozirgi o'zbek adabiy tilida arabiy lug'aviy o'zlashmalarning paradigmik assimilyasiya munosabati. Avtoreferat. -T.: 1996. S. 21.;

2. Raxmatullayev Sh. Sistem tilshunoslik asoslari. Magistrantlar uchun o'quv qo'llanma. - T.:Universitet, 2007. 159 b.

3. Raxmatullayev Sh. N.Mamatov, R. Shukurov.O'zbek tili antonimlarining izohli lug'ati. I.Qo'chkortoyev tahriri ostida. -T.: O'qituvchi, 1980. 237 b.

4. Raxmatullayev Sh. O'zbek tilining izohli

lug'ati. -Toshkent: 1995. 288 b.

5. Saloyev R., Avazmetov Sh -O'zbek tilidagi arabcha va forscha so'zlar lug'ati" O'qituvchi, 1996. 89 b.

6. Usmanova S. O'zbek tilining lug'at sostavida tojik-forscha va arabcha so'zlar. T.: 1968.

7. Нишонов А. Фонетико-морфологический и лексико-семантический анализ арабизмов в языке А.Навои.-Ташкент.

\*\*\*\*\*\*

**Uktamova Barchinoy Sherali qizi**
2006-yil 8-mayda Samarqand viloyati Qoʻshrabot tumanida tavallud topgan. Hozirda, Oʻzbekiston davlat jahon tillari universiteti ingliz filologiyasi fakulteti 1-bosqich talabasi. Kitobxonlik, zakovat, she'riyat va boshqa tadbirlarda faol. Bir nechta koʻrik-tanlovlar gʻolibasi.

**Internet xavfsizligi va shaxsiy ma`lumotlarni himoya qilish: Raqamli dunyoda xavfsiz yashash zarurati**
**Uktamova Barchinoy Sherali qizi**

O`zDJTU ingliz filologiyasi fakulteti 1-bosqich talabasi
barchinoyuktamova00gmail.com

**Annotatsiya:** Bugungi kunda internet inson hayotining ajralmas qismiga aylangan. Ish faoliyatimizdan tortib, kundalik aloqalarimiz, o'yin-kulgu, hatto moliyaviy operatsiyalarimiz ham internet orqali amalga oshirilmoqda. Shu bilan birga, internetdan foydalanish bilan bog'liq xavf-xatarlar ham ortib bormoqda. Ayniqsa, shaxsiy ma'lumotlarning himoyasi masalasi tobora dolzarb bo'lib bormoqda.

Ushbu maqolada zamonaviy raqamli jamiyatda internet xavfsizligi va shaxsiy ma'lumotlarni himoya qilishning dolzarbligi yoritilgan. Unda internet foydalanuvchilarini kutib turgan asosiy tahdidlar — fishing, zararli dasturlar, ochiq Wi-Fi xavflari, va ijtimoiy tarmoqlardagi noxush holatlar tahlil qilingan. Maqolada, shuningdek, ma'lumotlarni himoya qilish bo'yicha samarali usullar, kuchli parollar yaratish, ikki bosqichli autentifikatsiyadan foydalanish, antivirus va VPN xizmatlarining ahamiyati bayon etilgan. Maqola mazkur mavzuda ilmiy izlanish olib boruvchilar va keng omma uchun foydali bo'lgan bilimlarni o'z ichiga oladi.

**Kalit so`zlar:** Internet xavfsizligi, shaxsiy ma`lumotlar, raqamli xavfsizlik,axborot texnologiyalari, ma`lumotlar maxfiyligi, kiberxavfsizlik, parol siyosati, ikkita autentifikatsiya, VPN texnologiyalari, Fishing hujumlari, shaxsiy hayot daxlsizligi

Kirish:

Internetning kashf etilishi insoniyat hayotida katta o'zgarishlarga sabab bo'ldi. Dunyo aholisining soni hozir yetti milliarddan oshgan bo'lsa, shundan uch milliarddan ziyodi internet tarmog'iga ulangan. 2014-yilgi statistikaga ko'ra, O'zbekistonda ham aholining 40 foizdan ortig'i internetdan foydalanadi va bu raqam yildan yilga o'sib bormoqda. Shunday ekan, internetning ijobiy va salbiy tomonlari haqida batafsilroq ma'lumot olishga ehtiyoj bor. Ayniqsa, o'zbek tilida bu mavzuda manbalar juda kam. Insonlar inernetdan foydalanar ekan undagi o`zi haqidagi hamma ma`lumotlarni tarqalib ketmasligini xohlashadi. Bu esa o`z-o`zidan axborot xavsizligi tushunchasiga borib taqaladi. Axborot xavfsizligi (inglizcha: Information Security, shuningdek, inglizcha: InfoSec) — axborotni ruxsatsiz kirish, foydalanish, oshkor qilish, buzish, o'zgartirish, tadqiq qilish, yozib olish yoki yo'q qilishning oldini olish amaliyotidir. Ushbu universal kontseptsiya ma'lumotlar qanday shaklda bo'lishidan qat'iy nazar (masalan, elektron yoki, jismoniy) amal qiladi. Axborot xavfsizligini ta'minlashning asosiy maqsadi ma'lumotlarning konfidensialligi, yaxlitligi va mavjudligini muvozanatli, qo'llashning maqsadga muvofiqligini hisobga olgan holda va tashkilot faoliyatiga hech qanday zarar yetkazmasdan himoya qilishdir.

Asosiy qism:

Internet nima uchun kerak va uning qanday foydalari bor?

Ko'pchilik internetdan yangiliklar o'qish, musiqa tinglash, ijtimoiy tarmoqlardan foydalanish kabi, asosan, ko'ngilochar maqsadlarda foydalanadi. Ammo internet insonlarga taqdim etadigan qulaylik va foydalar faqat bulardan iborat emas.Oddiy elektron pochta (email) xizmatini olib ko'raylik. Bir necha soniya ichida maktub yozib, uni komputer yoki telefoningizdagi bitta tugmani bosish orqali dunyoning istalgan joyiga bir soniyada jo'natishingiz mumkin. Internetdan oldin bu mumkinmidi? Albatta, yo'q. Buning uchun ilgari an'anaviy pochta yoki telegraf xizmatlaridan foydalanish lozim bo'lgan. Hozir esa bunga hojat yo'q. Yoki internet orqali savdo qilishni olib ko'ring. Hozir uyingizda o'tirib, internet orqali istagan narsangizni sotib olishingiz va uyingizgacha olib kelib berishlarini buyurtma qilishingiz mumkin. O'zbekistonda ham internet orqali savdo asta-sekin rivojlangib boryapti. Asaxiy.uz, Udobno.uz kabi saytlarni shu yo'lda boshlangan dastlabki qadamlar deb aytish mumkin.Internet hozirgi kunda nafaqat oddiy foydalanuvchilar tomonidan, balki xususiy va davlat kompaniyalari tomonidan ham keng qo'llanilmoqda. Hozir deyarli barcha yirik kompaniyalar o'z xodimlari va mijozlari bilan aloqalarni to'liq internet orqali olib boradi. Yangi mahsulotlarini internet orqali ommaga taqdim etadi, sotadi va boshqa turli xizmatlar ko'rsatadi. Shu bilan birga, ijtimoiy tarmoqlarda sotuv uchun maxsus ilovalar ham yaratilgan va odamlar istalgan vaqtda, istalgan joyda mahsulotlarni buyurtma berishi mumkin. Internet hukumatlar ishlarini ham osonlashtirgan. Fuqarolarning deyarli barcha murojaatlari ko'p davlatlarda hozir elektron shaklda amalga oshirilmoqda. Bu qog'ozbozlik, fuqarolarning idoraga borib rasmiylar bilan yuzma-yuz ko'rishishi, navbat kutib uzoq o'tirishi kabi noqulayliklarni kamaytiradi. O'zbekistonda ham xuddi shu maqsadda my.gov.uz loyihasining boshlanganini ijobiy va quvonarli hol, deb aytishimiz mumkin.

Internetning qanday salbiy jihatlari bor?

Bu ommaviy kommunikatsiya turi dastlab paydo bo'lganda, aksariyat ishlarning elektron shaklga o'tishi oqibatida ko'plab ish o'rinlari boy beriladi, degan xavotirlar bo'lgan. Chunki internetdan oldin bu ishlar qog'ozlar orqali yoki ofis-idoralarda ishchi-xodimlar qo'li bilan amalga oshirilardi. Ammo internetning iqtisodiyot uchun, kompaniyalar uchun keltirgan ulkan foydasi bu xavotirlarni yo'qqa chiqardi. Endigi asosiy xavotir va tahdid internetda shaxsiy va biznes ma'lumotlarini almashishning qanchalik xavfsiz ekani haqida bo'lmoqda. Xavotirlar shu darajada oshdiki, hatto hukumatlar internet tahdidlarining oldini olish uchun ko'proq e'tibor va resurslar ajratmoqda. Kiber hujum va kiber urush degan atamalar paydo bo'ldi. Insonlar hayotiga tahdidni oldini olish uchun esa kiberxavfsizlik tizimi ishga tushirildi.

Shaxsiy ma'lumotlar va ularni himoya qilish zarurati. Shaxsiy ma'lumotlar deganda foydalanuvchining ismi, manzili, telefon raqami, pasport ma'lumotlari, bank hisob raqamlari va boshqa shaxsiy axborotlar tushuniladi. Afsuski, bunday ma'lumotlar noqonuniy yo'llar bilan o'g'irlanib, turli jinoyatlarda ishlatilishi mumkin. Masalan, ochiq Wi-Fi tarmoqlaridan foydalanganda yoki shubhali veb-saytlarga ma'lumot kiritilganda, bu ma'lumotlar uchinchi tomon qo'liga o'tishi mumkin.

Ma'lumotlarni himoya qilish usullari
Shaxsiy ma'lumotlaringizni himoya qilish uchun bir necha oddiy, ammo samarali choralarni ko'rish mumkin:
-Har xil raqamlar, harflar va belgilar aralashmasidan iborat kuchli parollar yaratish.
-Har bir akkaunt uchun alohida parol ishlatish va ularni muntazam yangilab turish.
-Ikki bosqichli autentifikatsiyadan (2FA) foydalanish.
-Faqat rasmiy va ishonchli dasturlardan foydalanish.
-Internetda shaxsiy ma'lumotlarni ko'rsatishda ehtiyot bo'lish.
-Ijtimoiy tarmoqlarda haddan tashqari ochiq bo'lmaslik.

Qonunchilik va davlatning roli
Bugungi kunda ko'plab davlatlar internet xavfsizligini ta'minlash va shaxsiy ma'lumotlarni

himoya qilish bo'yicha qonunlar ishlab chiqmoqda. O'zbekistonda ham "Shaxsiy ma'lumotlar to'g'risida"gi qonun mavjud bo'lib, fuqarolarning axborot xavfsizligini himoya qilishga qaratilgan. Yevropa Ittifoqining GDPR qonuni esa dunyo miqyosida eng nufuzli huquqiy me'yorlardan biridir.

Xulosa

Bugungi kunda internet texnologiyalarining tez sur'atlarda rivojlanishi bilan birga, shaxsiy ma'lumotlarning xavfsizligi masalasi ham dolzarb ahamiyat kasb etmoqda. Foydalanuvchilar o'zlarining shaxsiy axborotlarini ijtimoiy tarmoqlar, elektron pochta, onlayn to'lovlar kabi platformalarda keng qo'llayotgani sababli, bu ma'lumotlarni firibgarlar tomonidan o'g'irlab ketish xavfi ortib bormoqda. Shuning uchun har bir internet foydalanuvchisi axborot xavfsizligi qoidalariga rioya qilishi, kuchli parollar ishlatishi, ikki bosqichli autentifikatsiyani yoqishi, VPN kabi himoya vositalaridan foydalanishi zarur. Shaxsiy ma'lumotlarni himoya qilish nafaqat texnik, balki huquqiy yondashuvni ham talab etadi. O'zbekiston qonunchiligida va xalqaro huquqda bu borada tegishli me'yoriy hujjatlar mavjud bo'lib, ularni amalda qo'llash orqali raqamli xavfsizlikni ta'minlash mumkin. Xulosa qilib aytganda, internetdan ongli va ehtiyotkorlik bilan foydalanish — shaxsiy xavfsizlikning eng asosiy kafolatidir.

**Foydalanilgan adabiyotlar**

1. Davlat boshqaruvida axborot-kommunikatsiya texnologiyalari. Copyright@2005 UNDP DIGITAL DEVELOPMENT INITIATIVE PROGRAM

2. Kun.uz CyberLeninka bato.uz Texnoman.uz saytlari

3. Axborot xavfsizligi asoslari: T 32 Tahirov, behzod nasriddinovich.

4. Axborot xavfsizligi asoslari [Matn] : o`quv qo`llanma / B.N.Tahirov.-Buxoro: fan va ta`lim,2022-156 b.

5. Axborot xavfsizligi. S.K.Ganiyev, M.M.Karimov, K.A.Tashev. Toshkent 2017.

\*\*\*\*\*\*

**Mirzaaxmadova Sevinch** 2007-yil 23-yanvarda Toshkent viloyati Bekobod tumanida tugʻilgan. Oʻzbekiston Davlat Jahon tillari universitetining xorijiy til va adabiyoti ingliz tili 2-fakulteti 1-bosqich talabasi.

## ALEKSANDR FAYNBERG SHE'RIYATINING FALSAFIY VA BADIIY TAHLILI

Mirzaaxmadova Sevinch
Ozbekiston davlat jahon tillari universiteti

Xorijiy til va adabiyoti 2-fakulteti 1-bosqich talabasi

**Annotatsiya:** Ushbu maqolada Aleksandr Faynberg sheriyatining falsafiy mazmuni va badiiy xususiyatlari tahlil qilinadi. Shoir ijodidagi inson ruhiyati, hayot, tabiat va vaqtga oid mavzularning oziga xos talqini yoritilib, sheriyatning chuqur fikr va his uyg'unligidagi o'rni ko'rsatiladi.

**Kalit so'zlar:** Aleksandr Faynberg, sheriyat, falsafiy tahlil, badiiy tahlil, inson ruhiyati, tabiat, hayot mazmuni, vaqt, abadiyat.

Fransuz faylasufi Gelvetsiy "Sher yo yuksak choqqilarda, yoki g'orlarda yaratiladi",-deydi. Darhaqiqat, she'r inson ruhining birmuncha gayritabiiy, ayricha holatidan tugiladiki, zukko faylasuf buni obrazli qilib ifoda eta oladi. Osha cheksiz ufqlar, sirli miltiragan sonsiz yulduzlar kimda ham his-tuygular uyg'otmaydi, deysiz! Albatta, hammada ham. Faqat ijod dardiga chalingan odamda bu tuygu cheksiz armonga, gozal iztirobga qondirilishi nihoyatda zarur bolgan ehtiyojga aylanadi"-deb takidlaydi ozbek shoiri Abdulla Oripov.

Shu jihatdan qaraganda, Aleksandr Faynberg ham ijod olamida betakror shoirlardan biri sifatida etirof etiladi. Uning sherlarida inson va tabiat, sevgi va iztirob, hayotning mazmuni va gozalligi juda nozik va samimiy tarzda ifoda etilgan. Faynberg ozining falsafiy lirizmi bilan ajralib turadi, u hayotni, vaqtni va inson ruhining chuqurliklarini ota sergayrat tarzda tadqiq qiladi. Uning sherlari, xuddi shoir A.Oripov kabi, insonni ulkan bir olamning kichik bir qismi sifatida his etishga, shu bilan birga, uning yuksakligini his qilishga undaydi.

Sheriyatga ixlos qoygan har bir inson uchun Oripov va Faynberg ijodining uygunligi bu ruhiy ozuqa va gozallik manbayi, sheriyatning yuksakligi va ilohiyligini anglashning bir korinishidir.

"Peshonamga bitilgan baxtim bor ekan" - deb yozadi Aleksandr Faynberg. -Men mustaqil Ozbekistonda yashayman. Oz umrim davomida milliy kamsitishni hech qachon his etmaganman. Adabiyot yolida ozbek yozuvchilari menga juda kop bora yordam berishdi. Butun ijodim davomida Abdulla Oripov, Erkin Vohidov va kopdan-kop yozuvchilar, rassomlar, musiqachilar va boshqa turli kasb egalarining yaxshiliklaridan bahramand bolib kelmoqdaman.

Oz navbatida, Faynberg ham ozbek adabiyotiga

ehtirom ramzi sifatida Navoiy bobomiz gazallarini, Asqad Muxtor, Jumaniyoz Jabborov, Erkin Vohidov, Abdulla Oripov, Usmon A'zim, Sirojiddin Sayyid, A'zim Suyun she'rlarini mahorat bilan tarjima qildi.

Aleksandr Faynbergning "On bir metrlik jarima topi" deb nomlangan sherida futbol maydonidagi oyin darvozabon obrazi ifodalangan. She'rda darvoza – Vatan, futbol jamoasi – xalq, darvozabon – Vatan daxlsizligini, xalq gururini, ozodligini qoriqlovchi posbon ramzi sifatida tasvirlanadi. Unda shoirning butun mahorati bor boyi bilan namoyon boladi.

Aleksandr Faynberg she'rlarida oddiy insoniy tuygulardan tortib olamshumul muammolargacha qalamga olinadi. U insonning sof, oliyjanob tuygularini asrab qolishga, inson tabiatini va dunyoning inqirozdan qutqarishga undaydi. Olamning farovonligi, insonning baxt-u saodati u yashayotgan jamiyat taraqqiyoti bilan yaxlitdir, deb biladi. Boshqalar baxtli bolsa, men baxtsiz bololmayman, deydi. Jamiyatning barcha azolarini Vatan taraqqiyoti yolida birdamlikka chaqiradi. Uning she'rlarining yana bir xususiyati shundaki, Faynberg she'rlarida uchqunli hajviya mavjud. "Ruboiy tori" dostonida u kulgu orqali ozbek choyxonasining ozgarmas oshini shunday tasvirlaganki, uni yuzda tabassumsiz oqib bolmaydi.

Faynbergning she'riy ijodida otmish bilan hozirgi kun, Garb bilan Sharq, milliylik bilan baynalmilallik ozaro tutashib, oziga xos badiiy olamni vujudga keltiradi. Faynbergning lirik qahramoni tarixiy-ijtimoy silsilalar asrida ozining insoniy mohiyatini tola saqlab qolgan, ozgaga mehr-shafqat va madad qolini uzatishga tayyor, ayni paytda yer kurrasida sodir bolayotgan noxush voqea va hodisalardan iztirob chekuvchi jomard insondir.

Xulosa ornida shu takidlash joizki, sheriyat inson qalbining chuqur his-tuygularidan, tafakkur va hayot haqidagi falsafiy mulohazalaridan tugiladi. Aleksandr Faynberg ijodi sheriyatning ana shu yuksak mohiyatini yaqqol namoyon etadi. U insonning hayotga, tabiatga, muhabbatga, vaqt va abadiyatga bolgan munosabatini chuqur tahlil qiladi. Faynbergning sherlari nafaqat badiiy gozallikni, balki inson ruhining gayritabiiy holatlarini, uning ichki olamini anglash va tasvirlashda katta ahamiyatga ega. Sheriyatni chin dildan anglagan va qadrlagan inson Faynbergning asarlari orqali nafaqat oz qalbiga, balki dunyoga yangicha koz bilan qarashni organadi. Uning ijodi – bu insonning eng yuksak tuygulari va gozallikka bolgan intilishlari timsoli. Shu bois, sheriyatga ixlos qoygan har bir kishi uning asarlarida ruhiy yuksalish va ilhom olishning cheksiz manbayini topadi. Bu sheriyat hayotning ozi kabi murakkab, ammo bir vaqtning ozida sirli va gozal ekanini yana bir bor tasdiqlaydi.

Foydalanilgan adabiyotlar:

1. https://n.ziyouz.com/portal-haqida/xarita/hikmatlar/yozuvchilar-adabiyot-to-g-risida

2. https://n.ziyouz.com/portal-haqida/xarita/matbuot/hozirgi-davr-matbuoti/rustam-musurmonyonib-turar-derazam-har-tun-2009

3. https://sg.docworkspace.com/d/sIN2Zy_-lAv7hlL8G?sa=601.1074

4. https://uz.wikipedia.org/wiki/Aleksandr_Faynberg.

\*\*\*\*\*\*

**Murodilova Oʻgʻiloy Rustamjon qizi** 2003-yil 22-fevral Fargʻona viloyati Quva tumanida tavallud topgan. Samarqand Davlat Chet tillari Instituti Koreys tili Filologiya fakulteti 4-kurs talabasi.
ogiloymurodilova@gmail.com

## OLIS YO'LLAR

Maktab payti chamasi 11 yoshda edim 5-sinfda o'qib yurgan paytlarim, bu davrlar hech unutilmas bo'lib xotiramdan joy olgan. Otajonim moddiy hayotimizni yaxshilash uchun tinimsiz mehnat qilar, kechani kecha kunduzni kunduz demay ishlar edi. Ayoz qish paytlari chena yetalab bozorga borib narsa sotib ozgina bo'lsada pul topib kelardi. Otajonim judayam halol hech qachon birovni haqqini yemagan, faqat oilam degan, oilasi uchun harakat qilgan, ibodatga mustahkam, ehsonli inson.

Kuz fasli yaqinlashib maktab davri ham boshlandi. 5-sinfga qadam qo'ydim, hali kichik, faqat baxtdan porlab hayotdan zavq olib yashaydigan davr. Ota onasining erkatoy farzandi, lekin juda kuchli qizaloq. Shu paytlar Otam mashina oldi "Jiguli" mashinasi, oilaviy hammamiz bu mashinani ko'rib ko'zlarimiz porlab dunyodagi eng baxtli oila edik. Otam sekin ishlarini yo'lga qo'ya boshladi, mashinasida mahallalar aro oziq ovqat mahsulotlarini sotib yurardi. Men ham maktabga bora boshladim, maktabga borishni, darslarda ustozlarimning eng a'lochi o'quvchisi bo'lish menga juda yoqardi. Bir haftalarcha kunim baxtiyor kunlardan bo'lib o'tdi, ammo qayerdandir bizdan bir sinf yuqorida o'qiydigan bolalar uyga ketish payti orqamdan yurib meni masxara qila boshladilar.

-" Kartoshka piyozchining qizi", "Kartoshka piyozchining qizi"

Bu gaplar men uchun qanchalik og'ir botishini, qanchalik xafa bo'lishimni o'ylamasdilar. Ko'zlarimdan yosh tomchilari astagina oqar hech kimga bilintirmaslikka harakat qilardim. Bolalardan qochib mahallamga kirib uyimizga yetib borguncha yeg'lab borardim, uyimizning eshigi oldiga yaqinlashganimda ko'zimni yoshlarini artib uyga kulib kirib borardim. Bu holat ancha davom etdi, maktabda sinfdosh qizlar bilan o'yinlar o'ynayotgan paytlarim ham yonimizga kelib boshimdan bir uyim ahlat sochib ketishardi naqadar achinarli holatlar edi. Bir yil maktabda zo'rga o'qib oldim. 6-sinfdan boshqa maktabga o'taman deb turib oldim. Uyimdan uzoqda, begona joylarda o'qiy boshladim hali kichkina qiz bo'lganim sababli Ota onamni juda sog'inar edim. Ko'p mashaqqat, qiyinchiliklarga qaramay uzoq joylarda o'qidim. Maktabni bitirib shaharga akademik litseyga o'qishga kirdim. Shahar ham uyimizdan juda uzoqda, oilamni qattiq sog'inardim. Litseyni ham tamomlaganimdan so'ng universitetga kirdim, talaba bo'ldim endi Universitet ham uyimdan juda ham uzoqda edi, juda ham! Men Samarqandga Universitetga kirgan edim, o'z tug'ulib o'sgan Farg'ona shahrimdan juda olisda joylashgan manzillar. Har yerda albatta qiyinchilik bo'lgani kabi bu yerda ham qiyinchiliklar bo'lar, yana sog'inch hissi meni qiynardi. Olis yo'llar huddi meni o'z domiga tortayotgandek edi brogan sari uyimdan, oilamdan olislashib borayotgandek edim Ammo shunday bir gap doim yodimda edi: "Masofa qanchalik olis bo'lmasin, qalblar yaqin bo'lsa bas". Insonga ilm olish masofalar ham ahamiyatsiz bo'lib qolar ekan.

Bu orada Otajonimning ishlari yurishib, Alloh omadini berib ko'chalarda narsa sotib yurmay qo'ydi va Magazin ochdi. Magazinlari shunaqangi barokatli, odamlar soni uzilmas, rivojlanganidan rivojlanib kichkina magazincha hozirda kattakon Supermarketga aylangan va barcha Otamni xurmat qiladi. Insonlar har bir mashaqqat uchun, qiyinchilik uchun, Allohning sinovlarini Sabr bilan yengib o'tishlari kerak. "Sabrning tagi sariq oltin" deb bejizga aytishmagan mashoyiqlarimiz!

\*\*\*\*\*\*

**Rahmatova Sevinch Fazliddin qizi** 2006-yil 5-avgustda Qashqadaryo viloyati Kitob tumanida tug'ilgan. Qarshi davlat texnika Universitetining Shahrisabz oziq-ovqat muhandisligi fakulteti 2-kurs talabasi.

## TURLI XIL DON TURKUMLARIDAN UN SANOATDA ISHLATILISH XUSUSIYATLAR VA KRAXMAL TARKIBI.

**Rahmatova Sevinch Fazliddin qizi**
Qarshi davlat texnika Universitetining Shahrisabz oziq -ovqat muhandisligi Fakulteti talabasi

**Annotatsiya:**
Un — turli ekinlar donini tegirmonda tortib hosil qilinadigan oziq-ovqat mahsuloti. Un ko'proq bug'doydan tayyorlanadi. Shuningdek, javdar, arpa, makkajo'xori, suli,
sorgo, marjumak (grechixa), soya, no'xat va boshqa ekinlar donidan ham un ishlab chiqariladi. Undan non, nonbulka, konditer va makaron mahsulotlari, turli taomlar tayyorlanadi, kepagi mollarga beriladi.

**Kalit so'zlar:** Un ,qismlarning miqdori, un navlari, bug`doy uni, makkajuxori uni, soya uni, endosperm.

Un - maydalash natijasida olingan mahsulot turli ekinlarning donlari. Ko'pchilik un bug'doy donini maydalashdan olinadi. Bug'doy donasi to'rttadan iborat asosiy qismlari: meva qobig'i /, aleyron qatlami 2, go'shtli yadro-endosperm 3 va embrion 4. Og'irlik nisbati bug'doy donidagi ushbu qismlarning miqdori quyidagi chegaralarda o'zgaradi (da %): qobiq - 3,1-5,6, aleyron qatlami - 6,8-8,6, endosperm - 81,1-94,2, embrion - 1,4-3,2. Donning kimyoviy tarkibi bug'doyni quyidagi ma'lumotlar bilan tavsiflash mumkin (%): suv - 13,5, oqsil - 12,5, yog' - 2,0, kraxmal - 67,8, tola - 2,5, kul - 1,7.

Un nafaqat bug'doyni, balki javdar, arpa, makkajo'xori, soya va boshqa ekinlarni ham maydalash orqali olinadi. Unning tasnifi un olinadigan qishloq xo'jaligi ekinlari, unning mo'ljallangan maqsadi, xususiyatlariga asoslanadi. Un turlarga va navlarga bo'linadi. Turga don ekinlari (bug'doy, javdar, soya, makkajo'xori) sabab bo'ladi. Unning turi uning maqsadiga qarab farqlanadi (pishirish, makaron, qandolat va boshqalar). Un navi - bu uning sifat guruhi bo'lib, un kimyoviy tarkibi, tarkibiga kiradigan don qismlari nisbati (qobiq, endosperm, germ va boshqalar), tashqi ko'rinishiga qarab tasniflanadi. Un qandolat mahsulotlari ishlab chiqarishda xom ashyo turi (pechene, pryannik, pechene, vafli, keks va xamir ovqatlar va boshqalar). Bu maqsadlar uchun asosan bug'doy uni ishlatiladi.

Bug'doy uni. Un tegirmon sanoati bug'doy unining besh navini ishlab chiqaradi: irmik, premium, birinchi, ikkinchi, devor qog'ozi. Qandolat sanoatida asosan yuqori va birinchi navli un ishlatiladi. Ikkinchi navli un faqat pechenye, pechene va gingerbreadning oz sonli navlari uchun ishlatiladi. Don va devor qog'ozi unidan deyarli foydalanilmaydi.

Bug'doy unining sifatining eng muhim

ko'rsatkichlari hisoblanadi rangi, ta'mi, hidi, namligi, kislotaligi, kul tarkibi, tarkibi begona aralashmalar va zarrachalar hajmi .Unning yuqori navlari sarg'ish tusli oq, past - quyuqroq rang. Uzoq muddatli saqlash vaqtida un yoritadi. Bu rangli moddalarning oksidlanishining natijasidir havo kislorodi. Un bir oz shirin ta'mga ega. Achchiq va nordon ta'm, shuningdek, chiriyotgan, mog'orlangan hid un yangi emasligini ko'rsatadi. Un begona odamlar tomonidan idrok etilishiga qodir hidli mahsulotlar bilan birga saqlash yoki tashish paytida hidlar. Begona hid undagi begona zarralar mavjudligini ko'rsatishi mumkin - shuvoq, shirin yonca, smut va hokazo. Unning navi aniqlanadigan asosiy ko'rsatkich kul tarkibi hisoblanadi. Eng yuqori nav uchun unning kul miqdori 0,55% dan, birinchi nav uchun esa 0,75% dan oshmasligi kerak. Bir kilogram un tarkibida 3 mg dan ortiq metallomagnit aralashma bo'lmasligi kerak. Eng katta chiziqli o'lchamdagi har bir zarrachaning o'lchami emas 0,3 mm dan oshishi kerak, alohida zarrachalarning massasi esa 0,4 mg bo'lishi kerak. Zaharli o'simliklar (achchiq o't, karam) va zamburug'li kasalliklarga chalingan don (ergot, smut) urug'lari qoldiqlari ko'rinishidagi un tarkibidagi zararli aralashmalarning tarkibi tayyorlash uchun tayyorlangan tahlil yo'li bilan aniqlanadi. Zararli aralashmalarning tarkibiga ruxsat berilmaydi 0,05%, shu jumladan achchiq yoki karam o'ti (alohida yoki birgalikda) emas 0,04% dan ortiq Un asosan kraxmal (taxminan 70%) va oqsildan iborat (taxminan 10-12%). Bug'doy unining oqsili albuminlardan iborat, globulinlar, prolaminlar va glutelinlar. Protein qismida gliadin va glutenin ustunlik qiladi va 75% ni tashkil qiladi. Un suv bilan aloqa qilganda, bu oqsillar shishadi va kraxmaldan yuvilishi mumkin bo'lgan kleykovina hosil qiladi. Xom kleykovina massa ulushi undagi uning sifatining eng muhim ko'rsatkichlaridan biri hisoblanadi va (%) past bo'lmasligi kerak: eng yuqori nav uchun - 28, birinchi - 30 va ikkinchi - 25. Xom kleykovina sifati un uchun ham tartibga solinadi. Bu ikkinchi guruhdan past bo'lmasligi kerak. Un sifatining eng muhim ko'rsatkichi silliqlashning qo'polligidir. Ushbu ko'rsatkich qoldiqning massa ulushi bilan tavsiflanadi ma'lum bir to'r hajmi va undan o'tishga ega bo'lgan elak. Misol uchun, unning birinchi navi uchun 35-sonli elakdagi qoldiq bo'lmasligi kerak 2% dan ortiq, bu elakdan o'tish esa 75% dan kam bo'lmasligi kerak.

Un korxonalar va omborlarga idishlarda saqlash uchun yetkazib beriladi (mato sumkalar) yoki ommaviy. So'nggi yillarda unni ommaviy tashish va quyma saqlash tobora ko'proq foydalanilmoqda. Tashish un yuk mashinalarida amalga oshiriladi.

15-18 ° S haroratda va havoning nisbiy namligi 60-65% bo'lgan temir-beton siloslar.

Oddiy saqlash sharoitida un davomida sezilarli o'zgarishlar kuzatilmaydi 1-1,5 yil. Ommaviy hajmda saqlanganda standart namlik tarkibidagi un siloslarda 30 kungacha saqlanishi mumkin. Unni namligi past bo'lgan holda saqlashda saqlash muddatini oshirish mumkin bunday holda, unni vaqti-vaqti bilan aralashtirish kerak.

Soya uni. Qandolat mahsulotlarini ishlab chiqarish uchun faqat deodorizatsiyalangan un ishlatiladi, ya'ni undan olingan un. oldindan deodorizatsiya qilingan soya. Deodorizatsiya - bu soyaga xos bo'lgan yoqimsiz hidlarni yo'q qilish jarayoni. Deodorizatsiya jarayoni avtoklavlarda 300-400 kPa (3-4 atm) bosim ostida amalga oshiriladi. Deodorizatsiyalangan soya uni soya donalarini, shuningdek, oziq-ovqat soyasini maydalash orqali olinadi.

Soya uni yog' tarkibiga qarab ishlab chiqariladi

uch xil: yog'siz (yog'ning massa ulushi quruq moddalar 17% dan kam bo'lmagan, yarim yog'siz (5,0 dan). 8,0% va kam yog'li (2% dan ko'p bo'lmagan). To'liq yog'li un soya donidan, yarim yog'siz un soya donidan, kam yog'li un esa soya donidan olinadi.

Soya uni konfet, shokolad va karamel ishlab chiqarishda, shuningdek un qandolat mahsulotlari ishlab chiqarishda ishlatiladi, bu erda pechenye va gingerbread ishlab chiqarishda birinchi va ikkinchi navli bug'doy unini 5% gacha bo'lgan miqdorda almashtirish mumkin. Soya unining har xil turlari va navlari har xil rang: masalan, oqdan yuqori sifatli yog'sizlangan un ochiq sariq, birinchi sinfda ochiq sariqdan quyuq kremgacha. Bunday holda, unning rangi maxsus rangga mos kelishi kerak.

Hidi deodorizatsiyalangan soya uniga xos bo'lishi kerak va har bir turdagi soya unining ta'mi o'ziga xos ta'mi, achchiqligi, nordon yoki boshqa begona ta'mlarga ega bo'lmasligi kerak. Suv bilan namlangan soya unini chaynaganda, tishlarning siqilishini his eting. Yog'siz va yarim yog'sizda namlikning massa ulushi un 9% dan oshmasligi kerak, kam yog'li un uchun ruxsat etiladi; 10%. Soya unidagi massa ulushi standart bilan tartibga solinadi yog ', oqsil, tola va maydalash hajmi. Chet ellik aralashmalar va zararkunandalarning kirib kelishiga yo'l qo'yilmaydi.

Makkajo'xori uni. Makkajo'xori uni makkajo'xori donlarini maydalash mahsulotidir. Makkajo'xori unining o'ziga xos xususiyati bug'doy bilan solishtirganda kraxmal miqdori ko'paygan (85% va yog' (3% gacha). Protein miqdori bug'doyga qaraganda past (7,2%) Makkajo'xori uni un qandolat mahsulotlarini ishlab chiqarish uchun ishlatiladi. Ombor zararkunandalari bilan zararlanmagan quruq, toza, yaxshi havalandırılan omborlarda saqlanishi kerak.

Kraxmal. Kraxmal - kartoshka, makkajo'xori, bug'doy, guruch va ba'zi ekinlardan olinadigan o'simlik polisaxarididir. Tabiiy ob'ektlardagi kraxmal donalar shaklida to'planadi tarkibida juda oz miqdorda protein va lipidlar mavjud. Kraxmal glyukozaning polimeridir. Kimyoviy tuzilishi u umumiy formula ($C_6H_iQ0$ 5)n bilan xarakterlanadi.

Kraxmal tarkibida ikkita komponent mavjud: amiloza va aminopektin, ular turli xil xususiyatlarga ega. Amiloza xarakterlidir. Molekulyar og'irligi 32' 103— 16*10. Aminopektin molekulalari tarmoqlangan tuzilishga ega. Molekulyar ularning massasi 10 dan 108 gacha va undan yuqori. Kraxmaldagi amilozaning ulushi 10-30%, aminopektin ulushi esa 70-90% ni tashkil qiladi. Amiloza va aminopektin sovuq suvda erimaydi. Amiloza ichida eriydi issiq suv kolloid eritma hosil qilish uchun - sol. Biroq bu eritmalar tezda tuzilib, barqaror jellarga aylanadi. Aminopektin issiq suvda shishib, kuchli jele hosil qiladi. U suvda faqat bosim ostida qizdirilganda eriydi. Amiloza va aminopektinga qo'shimcha ravishda kraxmal donalari ham mavjud va miqdori bo'yicha oraliq xususiyatlarga ega bo'lgan boshqa polisaxaridlar.

Mamlakatimizda kraxmal tayyorlash uchun asosiy xom ashyo turlari kartoshka va makkajo'xori hisoblanadi. Kartoshkadagi kraxmal miqdori 12-25%, makkajo'xori donida - 70% gacha. Kartoshkadan kraxmal olish uchun ular yuviladi, maydalanadi va suv bilan yuviladi. Kraxmal donalari suv bilan birga elakdan o'tib, kraxmalli sutni hosil qiladi, pulpa elakda qoladi (chorva ozuqasi uchun ishlatiladi). Olingan kraxmalli sut aralashmalardan tozalanadi va cho'ktirish orqali undan kraxmal cho'ktiriladi. Namligi 40 - 52% bo'lgan xom kraxmal standart namligiga qadar quritiladi, elakdan o'tkaziladi va qadoqlanadi.

Makkajo'xori, sholi, bug'doydan kraxmal olinayotganda donalar avval kislotalangan suvga solinadi, katta bo'laklarga bo'linadi, urug' (makkajo'xori) ajratiladi, bo'tqa hosil qilish uchun maydalanadi va suv bilan yuviladi. Keyingi operatsiyalar kartoshka kraxmalini ishlab chiqarishga o'xshaydi. Kraxmal savdo navlariga bo'linadi: kartoshka - qo'shimcha, eng yuqori, I va 2-chi; makkajo'xori - eng yuqori va 1-chi. 2-navdagi kartoshka kraxmal faqat texnik maqsadlarda yoki sanoatda qayta ishlash uchun mo'ljallangan. Kartoshka kraxmalining qo'shimchasi oq va eng yuqori navlari kristalli yorqinligi bilan ajralib turadi; makkajo'xori kraxmal - sarg'ish tusli oq. Standartlar namlik, kislotalilik, dog'lar soni, kul miqdori va oltingugurt dioksidi miqdorini tartibga soladi. Chet va yoqimsiz hidli kraxmal, kulrang tusli (yuqori navlar uchun), begona aralashmalar, engil bosim ostida parchalanmaydigan bo'laklar sotilishi mumkin emas.

Kraxmalni qadoqlash uchun eng yaxshi idish og'irligi 50 kg dan oshmaydigan qo'shaloq sumkalardir, shuningdek, og'irligi 250 dan 1000 g gacha bo'lgan qoplarga yoki paketlarga qadoqlanadi. Kraxmal quruq, toza, yaxshi havalandırılan, begona hidlarsiz, zararkunandalar bilan kasallanmagan, havoning nisbiy namligi 75% dan yuqori bo'lmagan va 15 ° C dan yuqori bo'lmagan haroratda saqlanishi kerak. Agar bu shartlar bajarilsa, kraxmalning saqlash muddati 2 yil. Kraxmalli mahsulotlar. Kraxmalni qayta ishlashning asosiy mahsulotlari modifikatsiyalangan kraxmal, sago, melas va glyukoza hisoblanadi.

O'zgartirilgan kraxmallar ishlab chiqarish kraxmalning issiqlik bilan ishlov berish, oksidlovchi kislotalar va boshqalar ta'sirida fizik-kimyoviy xususiyatlarini o'zgartirish qobiliyatiga asoslangan. O'zgartirilgan kraxmal quyidagi turlarda ishlab chiqariladi: yopishqoqligi pasaytirilgan (muzqaymoq, jele ishlab chiqarish uchun). ); yuqori viskoziteli (jele, soslar tayyorlash uchun); shishish (keks, xamir ovqatlar, pudinglar tayyorlash uchun qalinlashtiruvchi va mustahkamlik stabilizatori sifatida); mobil (qoplangan); rangsiz kraxmal va boshqalar.

FOYDALANILGAN ADABIYOTLAR

1. Бычкова Е. С. Технология производства мучных, хлебобулочных и кондитерских изделий на предприятиях общественного питания: учебно-методическое пособие / Е. С.

Бычкова, А. Н. Сапожников, И. В. Мацейчик [и др.]. – Новосибирск: Новосибирский государственный технический университет, 2017. – 140 с.

2. Васюкова А.Т. Технология продукции общественного питания / Васюкова А.Т., Славянский А.А., Куликов Д.А. – М.:ИТК «Дашков и К», 2015. – 496 с.

3. Васюкова, А.Т. Технология продукции общественного питания. Учебник для бакалавров / А.Т. Васюкова, А.А. Славянский, Д.А. Куликов. – М.: Издательско-торговая корпорация «Дашков и К°», 2015. – 496 с.

4. ГОСТ Р 53041-2008 Изделия кондитерские и полуфабрикаты кондитерского производства. Термины и определения. – М.: Стандартинформ, 2019. – 16 с.

5. Давыденко Н. И. Технология хлебобулочных и мучных кондитерских изделий : учебное пособие / составители Н. И. Давыденко [и др.]. – Кемерово : КемГУ, 2018. – 108 с.

\*\*\*\*\*\*

**Ozodbek Narzullayev** 2006-yil Qashqadaryo viloyati Koson tumani Bo'ston qishlog'ida tavallud topgan. 2023-yilda ijodga kirib kelgan. Ko'plab ijodiy ko'rik tanlovlarda qatnashib ko'p bora g'oliblikni qo'lga kiritgan. She'rlari Keniyaning "Kenya Times" va Germaniyaning "Raven Cage" jurnallarida, Qolaversa ko'plab nufuzli antologiyalarda nashr etilgan.

Qashqadaryo telekanalida efirga uzatiladigan "Fayzli kun" dasturida va Oltin voha radiosida mehmon bo'lgan. Ko'plab she'rlari Taniqli va yosh san'atkorlar tomonidan qo'shiq qilib ijro qilinmoqda. "Qalb kechinmalari" nomli kitob muallifi.

**Aldanib qolma**
Bu dunyo shundaydir, aldamchi dunyo
O'ylagan orzular bo'ladi ro'yo,
Zamon o'zgarganga o'xshaydi go'yo
O'tkinchi dunyoga aldanib qolma.

Yolg'onlar kasridan egiladi bosh,
Ko'zlarda qalqiydi miltiraydi yosh,
Aqlingni yig'ib ol, bo'lmagin bebosh,
O'tkinchi dunyoga aldanib qolma

Zamona shundaydir, zamona shunday
Har kuning o'tadi go'yoki tunday
Har kuning har doim bulmaydi bunday,
O'tkinchi dunyoga aldanib qolma.

Soat chiqillaydi, aylanar millar
Vaqt ham o'taverar, o'tadi yillar
Azobda og'riydi xasta ko'ngillar
O'tkinchi dunyoga aldanib qolma.

Zamon o'zgarmaydi, o'zgarar odam,
Topilmas dunyoda kamtarin xotam,
Eslang ushbu so'zim dam-badam

O'tkinchi dunyoga aldanib qolma
                Muallif: Ozodbek Narzullayev

### Bizning Vatan

Biz yashaymiz yurtda yerkin va ozod,
Vatanimiz tinchdur, ko'nglimiz ham shod,
Chiroylidir doim,har go'sha obod,
Bizning Vatan go'zal, dunyoda bitta.

Bizning Vatan bizning iftihor,
Qalbimizda doim sevgi bilan yashar,
O'rganamiz o'qib ilmu hunar,
Bizning Vatan go'zal, dunyoda bitta.

Daryolari shaffof, tog'lari baland,
Ozod yurtda biz ham, ko'taramiz qad,
Bo'laylik biz vatanga,munosib farzand,
Bizning Vatan go'zal, dunyoda bitta.

Biz Vatanga doim, hizmat qilamiz,
Vatan uchun hatto ,jondan kechamiz,
Ona yurt bag'rida bahtga to'lamiz,
Bizning Vatan go'zal, dunyoda bitta .

Juda go'zal tusga, kirar bog'lari,
Qoyalari baland,baland tog'lari,

Xizmatga shay doim,mard posbonlari
Bizning Vatan go'zal, dunyoda bitta.
                    Muallif: Ozodbek Narzullayev


\*\*\*\*\*\*

## Muhammedjanova Sevaraxon Ulug'bek qizi

Toshkent shaharda 1997 yilda tug'ilgan. Hozirda Qo'qon pedagogika huzuridagi O'zbekiston Sanoat Texnikumi ikkinchi kurs grant talabasi bitiruvchisi.Turkiya xalqaro antalogiyasida ikki martta ilmiy ishlari nashrdan chiqqan. Ingliz va arab tillarini B1 darajada Turk tilini A2 darajada o'zlashtirgan. Ozbekistonning koplab nufuzli jurnallarida oz maqolalari bilan tanilgan. Ustoz Al, Ibrat academy, Qizlar akademiyasi onlayn platformalari orqali til va zamonaviy kasblarni o'rganib 33 ta rasmiy sertifikatga ega bo'lgan.

### Ayol hayotidagi turmush o'rtog'ining o'rni

Hayot har bir inson uchun turlicha sinovlar bilan to'la. Ba'zida bu yo'lni yakka o'zimiz bosib o'tishga harakat qilamiz, ba'zida esa bizga Alloh tomonidan yuborilgan suyanch tayanch bilan yuramiz. Ayol kishi uchun esa eng katta baxt, eng katta dalda va quvvat manbai bu – mehribon, vafodor turmush o'rtog'idir.
Men ham hayot yo'limda o'zimga suyanch bo'la oladigan, og'ir kunlarimda sabr bilan

koʻmaklashadigan, quvonchlarimni ikki barobar oshirib bera oladigan inson bilan hayot yoʻlimni birlashtirganim uchun Allohga cheksiz shukronalar aytaman. Turmush oʻrtogʻim men uchun oddiygina erkak emas – u mening hayotimdagi eng muhim inson, yuragimga eng yaqin odam, bolalarimning mehribon otasi, har bir orzuimga ishonadigan, harakatimga duo boʻladigan suyukli inson.

U bilan oʻtgan har bir kunim – bu saboq, ilhom, hayotdan rohat olishni qaytadan oʻrganganimdir. Baʼzan oʻzimni kuchsiz his qilganimda, aynan u koʻzlarimga qarab: "Sen kuchli ayolsan, men senga ishonaman," deydi. Bu soʻzlar meni qayta tiklaydi, ruhimni koʻtaradi va hech qanday toʻsiqlardan qoʻrqmay yurishimga yordam beradi. Turmush oʻrtogʻim hayotimdagi eng buyuk neʼmatdir. U meni hech qachon yolgʻizlatmaydi – na muammolarda, na quvonchlarda. Har qanday holatda yonimda. Ogʻir kunlarimda soʻzsiz tushunadi, baʼzida esa bir qarash bilan ichimda nima kechayotganini biladi. Men esa bu tushunishni, bu muhabbatni hech narsaga almashtirmasdim.

U meni qanday boʻlsam, shundayligimcha yaxshi koʻradi. Orzu va rejalarimga doimo quvona oladi.

"Yashagin, sen o'sha ishonchli qanotlaring ostida har narsaga erishasan," degan ishonch bilan yonimda turadi. Ayol kishi uchun bundan ortiq baxt bormi? Undan ortiq motivatsiya bormi?

Turmush o'rtog'im farzandlarimiz uchun ham eng go'zal namuna. Mehribon, oqil, sabrli va mas'uliyatli. Ularning tarbiyasida faol, mehr-muhabbatini ayamaydigan, ayni paytda ularga mustahkam orqa bo'la oladigan ota. Har kuni ularni bag'riga bosib, kuldiradigan, ularning qalbini isitadigan inson.

Ba'zan unga qarab yuragim to'ladi – shukronalik, muhabbat, minnatdorchilik tuyg'ulari bilan. U menga hayotimni yanada mazmunli qilishga, o'zimga ishonishga va oilamizni mehrga burkashga kuch beradi. Har kuni Allohdan faqat bir narsani so'rayman – uni asrasin, unga salomatlik va sabr bersin.

U mening orqamdagi kuchim, oldimdagi yorug'ligim, yonimdagi suyanchimdir. Turmush o'rtog'im bilan o'tgan har bir daqiqa – bu hayotimning eng go'zal daqiqalari. Uning mehribon nigohi, samimiy suhbati va sokinligi qalbimdagi eng muqaddas tuyg'ularga aylangan.

Men baxtliman – chunki yonimda meni har holatda qabul qiladigan, doimo duo bilan quvvatlaydigan turmush oʻrtogʻim bor. Uning mehrini, sabrini, muhabbatini hech qachon unutmayman. U – mening chinakam baxtim.

\*\*\*\*\*\*

**Ruzmetova Lobar Matnazarovna** 1996 yilda Xorazm viloyati, Urganch shahrida tug'ilgan. 2012 yilda Urganch tumani 39-sonli umumiy o'rta ta'lim maktabini a'lo baholar bilan tamomlab, shu yili Turizm va tadbirkorlik kasb-hunar kollejining "Turagent va gid" yo'nalishida tahsil olishni boshlagan. 2015 yilda ushbu kollejni muvaffaqiyatli yakunlagan.
2016 yilda turmushga chiqqan. Hozirda ikki nafar farzandning mehribon onasi. Shu bilan birga, Urganch davlat universiteti Kimyo-texnologiya fakultetining "Oziq-ovqat texnologiyasi" yo'nalishida tahsil olmoqda.

## Layk bosishga bog'lanib qolgan ong: ijtimoiy tarmoqlarning zamonaviy inson psixologiyasiga ta'siri

Ruzmetova Lobar Matnazarovna

**Annotatsiya:** Ushbu maqolada ijtimoiy tarmoqlar, xususan "layk" tugmasining inson psixologiyasiga ta'siri tahlil qilinadi. Tadqiqot natijalari shuni ko'rsatadiki, "layk"lar orqali tasdiqlanish ehtiyoji ortib, ijtimoiy qaramlik va shaxsiy qadriyatlar o'zgarishiga sabab bo'lmoqda. Shuningdek, maqolada dopamin tizimi, ijtimoiy ta'sir va virtual dunyoga haddan ortiq bog'lanishning psixologik oqibatlari yoritilgan.

**Kalit so'zlar:** ijtimoiy tarmoq, layk, dopamin, psixologiya, ijtimoiy qaramlik, virtual muhit

Kirish

So'nggi yillarda ijtimoiy tarmoqlar inson hayotining ajralmas qismiga aylandi. Facebook, Instagram, TikTok, Telegram kabi platformalar nafaqat muloqot vositasi, balki shaxsiy qadriyatlar, o'z-o'zini ifoda etish va tasdiqlanish vositasiga ham aylandi. Ayniqsa, "layk" tugmasi orqali qabul qilinadigan ijtimoiy tasdiqlanish, odamlarning ruhiy holatiga, o'zini baholashiga sezilarli ta'sir o'tkazmoqda. Ushbu maqolada ushbu fenomen psixologik nuqtai nazardan tahlil qilinadi.

So'rovnoma natijalariga ko'ra:

72% ishtirokchi postlarga kam layk tushsa, o'zini noqulay his qilishini bildirdi.

48% foydalanuvchi layk soniga qarab o'zining ijtimoiy qadrini baholashini tan oldi.

39% foydalanuvchi kam layk olgan postlarini o'chirib tashlagan yoki qayta joylashtirgan.

Bu natijalar shuni ko'rsatadiki, "layk" funksiyasi virtual ijtimoiy mezonga aylanib, ong osti darajasida odamlarning o'zini baholashiga bevosita ta'sir qilmoqda. Bu holat dopamin ajralishiga sabab bo'lib, xuddi giyohvandlik singari psixologik bog'liqlikni shakllantiradi.Tadqiqotda eng ko'p ishlatiladigan va foydalanuvchilar ongiga kuchli ta'sir ko'rsatadigan ijtimoiy media platformalar quyidagilar bo'ldi:

1. Instagram

Layklar va ko'rishlar asosiy motivator bo'lib xizmat qiladi. Vizual kontent (foto/video) orqali tezda ijtimoiy tasdiq olish mumkin. Foydalanuvchilar ko'pincha layk kam bo'lsa, postni o'chirib yuboradi yoki tahrirlaydi.

2. TikTok

Layklar, izohlar va repostlar foydalanuvchining mashhurligini belgilaydi. "Viral bo'lish" istagi kuchli psixologik bosimga olib keladi. Yosh foydalanuvchilar (asosan 16–24 yosh) orasida eng yuqori darajadagi psixologik bog'liqlik kuzatiladi.

3. Facebook

Yoshi kattaroq auditoriya orasida keng tarqalgan. Ko'proq matn asosidagi postlar bo'lsa-da, layk va "share"lar hanuzgacha ijtimoiy tasdiqlanish vositasi sifatida ishlaydi.

4. Telegram (kanallar va guruhlar)

To'g'ridan-to'g'ri "layk" tizimi bo'lmasa-da,

"reaktsiyalar" va ko'rishlar soni foydalanuvchi uchun ahamiyatli.

Ba'zi foydalanuvchilar postlarining "seen" soniga ortiqcha e'tibor berib, ruhiy holatiga ta'sir qilganini bildirgan.

Ijtimoiy media platformalari tahlili:

Tadqiqot davomida eng ko'p ishlatilgan platformalar sifatida Instagram (88%), TikTok (75%), Facebook (54%) va Telegram (49%) ko'rsatildi. Ushbu platformalarning foydalanuvchi psixologiyasiga ta'siri turlicha bo'lishiga qaramay, ular orasida eng kuchli psixologik bog'liqlik aynan layk va ko'rish tizimi kuchli bo'lgan Instagram va TikTok foydalanuvchilari orasida kuzatildi.

Instagram foydalanuvchilari orasida "layk"lar orqali o'zini tasdiqlash istagi kuchli bo'lib, bu platforma o'zining estetik, jozibali vizual muhiti orqali mukammallik illuziyasini yaratadi. Respondentlarning 52% Instagramdagi kontentni joylashtirishdan oldin bir necha marotaba tahrirlashlarini va eng ko'p layk olgan suratlarni saqlab qolishlarini tan olishdi.

TikTok foydalanuvchilarining 60% ga yaqini o'z videolari kutgancha ko'rish yoki layk olmasa, ruhiy tushkunlik yoki norozilik holatiga tushishini bildirdi. Ushbu platformadagi algoritmik "viral" tizim foydalanuvchilarda tasodifiy muvaffaqiyatga nisbatan kuchli intilish uyg'otadi. Facebook foydalanuvchilarining psixologik bog'liqlik darajasi biroz pastroq bo'lib, ko'proq muloqot va axborot almashishga qaratilgan. Biroq, foydalanuvchilarning yarmi hali ham layklar soniga qarab postlariga nisbatan ijtimoiy baho beradi.

Telegramda esa layklar to'g'ridan-to'g'ri asosiy omil bo'lmasa-da, ko'rishlar soni, izohlar va kanal a'zolari soni orqali foydalanuvchilar o'z kontentining "qadrini" baholaydi.

Umumiy natija shuni ko'rsatadiki, ijtimoiy tarmoqlarning algoritmlari va baholash tizimi inson ongiga ko'zga ko'rinmas tarzda bosim o'tkazib, o'z-o'zini qadrlash, ruhiy barqarorlik va ijtimoiy qabul qilinish kabi omillarga bevosita ta'sir qilmoqda.

Xulosa

Yuqoridagi tahlillar asosida xulosa qilish mumkinki, ijtimoiy tarmoqlar, xususan layk tizimiga asoslangan platformalar zamonaviy inson psixologiyasiga sezilarli ta'sir o'tkazmoqda. "Layk" — oddiy tugma ko'rinishida bo'lsa-da, foydalanuvchining o'z-o'zini qadrlashi, ijtimoiy mavqei va ruhiy holatini belgilovchi kuchli psixologik stimulga aylanmoqda. Tadqiqot davomida quyidagi muhim jihatlar aniqlandi:

Tasdiqlanish ehtiyoji ortib bormoqda: foydalanuvchilar ko'proq layk olishga intilishi natijasida o'z postlarini sun'iy tarzda "ideal" ko'rsatishga harakat qiladilar, bu esa real hayotdagi ishonchni kamaytiradi. Dopamin tizimining faollashuvi orqali ijtimoiy tarmoqlarga psixologik bog'liqlik shakllanmoqda — xuddi giyohvandlik singari ta'sir mexanizmlari aniqlangan.

Yosh foydalanuvchilar orasida ong osti darajasida ijtimoiy baholash me'yorlari virtual olamga bog'langan: bu esa ularning ruhiy barqarorligiga salbiy ta'sir ko'rsatmoqda.

Instagram va TikTok platformalari eng kuchli psixologik ta'sirga ega ekanligi aniqlangan bo'lib, foydalanuvchilarning real hayotdagi munosabatlariga ham salbiy ta'sir ko'rsatmoqda (masalan, tanqidga nisbatan toqatsizlik, boshqalarning fikriga haddan ortiq bog'liqlik, kutilgan natija bo'lmaganda tushkunlikka tushish).

Tavsiyalar:

1. Media savodxonlikni oshirish — maktab, oliy ta'lim va jamoat tashkilotlarida raqamli dunyoda

ongli ishtirok qilishni oʻrgatish zarur.

2. Foydalanish vaqtini nazorat qilish — ekran vaqti chegarasini belgilash orqali haddan tashqari foydalanishning oldini olish mumkin.

3. Virtual hayotni real hayotdan ajratishni oʻrgatish — foydalanuvchilar oʻz qadriyatini faqat layklar orqali emas, balki real yutuqlari orqali baholashni oʻrganishlari lozim.

Foydalanilgan adabiyotlar

1. Andreassen, C. S., et al. (2017). "The relationship between addictive use of social media, narcissism, and self-esteem." Personality and Individual Differences.

2. Meshi, D., Tamir, D. I., & Heekeren, H. R. (2019). "The Emerging Neuroscience of Social Media." Trends in Cognitive Sciences.

3. Sherman, L. E., et al. (2016). "The power of the like in adolescence: Effects of peer influence on neural and behavioral responses to social media." Psychological Science.

\*\*\*\*\*\*

**Karimov Shoxruh Shuhrat o'g'li**
1991-yil 14-aprelda O'zbekiston Respublikasi Qashqadaryo viloyati Kasbi tumanida tavallud topgan. 1998-2007-yillarda Kasbi tumanidagi 20-sonli maktabda o'qigan. 2007-2010-yillarda Qashqadaryo viloyatidagi "Kasbi qishloq va suv xo'jaligi" kasb-hunar kollejida taxsil olgan. 2021-yilda Qarshi davlat universitetiga o'qishga kirgan. Hozirda shu universitetning IV bosqich talabasi. 2024-yilda "Hayot daftari" nomli kitobi "ILM-FAN-MA'NAVIYAT" nashriyoti tomonidan nashr etilgan.

### Mag'lub
Uni g'alaba bilan tabriklay boshladilar. Qarindoshlari, do'stlari, hamkasblari. Biroq, negadir uni doimo yonida bo'lib, maslahati bilan qalbidan joy olgan insoni tabriklamadi. U hayron bo'lib, buning sababini so'radi. Pora evaziga qo'lga kiritilgan narsa bir kun kelib hamma narsani barbod qiladi, degan javobni olgach, o'zini mag'lub kabi his eta boshladi.

### Mukofot
Uch kishiga katta mukofot berildi. Ulardan birinchisi mukofotni dunyo bo'ylab sayohat qilishga, ikkinchisi yangi avtomobil sotib olishga sarfladi. Uchinchisi esa o'ttizta kompyuter xarid qilib, texnik jihatdan yaxshi ta'minlanmagan qishlog'idagi maktabga sovg'a qildi. Natijada, shu qishloqdan yangi avtomobillar yaratadigan, go'zal binolar barpo etadigan va butun dunyo e'tiborini tortadigan yoshlar yetishib chiqibdi.

**O'zbekistonim-go'zal bir chaman,**
**Gulzorlar ichra yagona Vatan!**
**(Mustaqilligimizning 33 yilligiga bag'ishlanadi)**
Orzu osmonida porlagan yulduz,
Bu yerda ahilmiz, har bitta millat,
Bir bo'lsak kuchlimiz, yagona xalqmiz,

Bir bayroq ostida yagona davlat.
      O'zbekistonim-go'zal bir chaman,
      Gulzorlar ichra yagona Vatan!

Duolardan el ko'karar, umid uyg'otib,
Kelajagingni qurmoqda shu aziz yoshlar,
Shoir Taraqqiyotingga parvona bo'lib,
Sen haqingda bugun aytmoqda alyor.
      O'zbekistonim-go'zal bir chaman,
      Gulzorlar ichra yagona Vatan!

Tarixing navqiron o'rnak hamisha,
To'maris, Navoiy farzandlaring bor,
Adolat bayrog'in balandla tutib,
Dunyoni zabt etgan Temurlaring bor.
      O'zbekistonim-go'zal bir chaman,
      Gulzorlar ichra yagona Vatan!

Tuprog'ing muqaddas har on unumdor,
Gul eksak yil o'tib bo'lar chamanzor,
Tinch yurtda yashaymiz, shukrona qilib,
Dilimizdan jaranglar ezgu tilaklar.
      O'zbekistonim-go'zal bir chaman,
      Gulzorlar ichra yagona Vatan!

Bizga merosdir shu aziz makon,

Bu yurtda el aziz, azizdir inson.
Barchaga teng, oʻz bagʻrini ochgan,
Bu bizning Vatan - Oʻzbekistonsan!
    Oʻzbekistonim-goʻzal bir chaman,
    Gulzorlar ichra yagona Vatan!

## Meni kechir....

Meni kechir, seni sevganim uchun,
Sen haqingda she'rlar yozganim uchun.
Muhabbat samosin bir bora quchib,
Uning ko'chasiga kirganim uchun.

    Meni kechir, seni sevganim uchun,
    Sevishimni senga aytganim uchun.
    Moviy ko'zlaringga termulib chunon,
    Majnundek oshiq bo'lganim uchun.

Meni kechir, seni sevganim uchun,
Seni tushlarimda ko'rganim uchun.
Seni nega sevdim, sevaman nechun?
Senga atab she'rlar yozganim uchun.

          **Karimov Shoxruh Shuhrat oʻgʻli**

\*\*\*\*\*\*

**Nasriddinova Malika Alisherovna** 2006 yil 19 iyunda Samarqand viloyati Samarqand tumanda tug'ilgan. Toshkent davlat pedagogika Universiteti 2 bosqich talabasi. Universitet yoshlar itfoqi faol a'zosi.

Yurtboshim oldida qalqon qudratmiz
Yurtimning beliga kuchmiz, quvvatmiz.
Mustaqil yurtimning navnihollari,
Birlashsak yagona xalqmiz, vatanmiz.

Moziy tarixdan doston biturmiz,
Daholar o'tdilar biz ham o'turmiz.

Bu muborak yerda o'sgan o'g'il qiz,
Mustaqil yurtimning navnihollari ,
Birlashsak yagona xalqmiz, vatanmiz .

Bu so'zlar hammaga bir shior bo'lsin.
Ko'zimiz har doim ilm la yonsin,
Bizni bilgan bilsin, bilmagan bilsin.
Mustaqil yurtimning nav nihollari,
Birlashsak yagona xalqmiz, vatanmiz.

\*\*\*\*\*\*

**Ashuraliyeva Omadxon Sherali qizi**
2004-yil Andijon viloyati Andijon shahrida tug'ilgan. Andijon davlat universiteti Filologiya fakulteti Filologiya va tillarni o'qitish o'zbek tili yo'nalishi 2-bosqich talabasi.

## HAYRLISI

Tug'ilgandan to o'lmoqqa qadar,
Har yondan odamzot sinalar ekan.
Kimdir mol-dunyo, shuhrati bilan
Yana biri do'st-u yor, qondoshi bilan

Qalblar o'zgacha sinalar ekan.

Qonsiz, og'riqsiz tirnalar ekan.
Tamom, yaralar bitti deganda,
Yonidan yangisi kesilar ekan.

Ko'nikmoq kerak bari-bariga
Nasib qilmagani sen uchun emas .
Anhorning o'z chashmasi bo'lgani kabi
Balki, hayrlisi yo'ldadir hali.

Qaro kunlarning eng zulmati,
Tongning daragin bergani kabi
Senga atalgan ulug' ne'mat,
Ostona oldida turgandir hali.

******

**Ibrohim Xoliqulov** 2008-yil 4-avgustda Qashqadaryo viloyati Koson tumani Rahimso'fi MFY ga qarashli Bo'ston qishlog'ida tavallud topgan.2023-yilda ijodga kirib kelgan.Shu tumandagi 45-umumiy o'rta talim maktabining 10-sinf o'quvchisi.

Axvolim ko'rib yig'laydi kimlar,
Deydiki: bu dardlar uchun yoshsan-ku.
Ne qilay qaylarga qocha olaman,
Dardlar ham so'ramay kelib qoldi-ku.

Ko'zimga qorong'u yorug' dunyolar,
Qay taraf boqmayin faqat zimiston.
Tuzatib kelardim xatolarimni,
Men uchun berilsa yana bir imkon.

Sirlashmay jim yurib to'ldi yurak ham,
Shunchaki kuzatar kelib ketganni.
Unutish u uchun eng qiyin jazo,
Sevdim deb to'yiga taklif etganni.

Shunda ham kuchlidir barcha oldida,
Tunlari bedarmon qolmasa bo'ldi.
Sevdim sevildim deb yolg'iz qoldida,
U uchun ishonch ham sevgi ham o'ldi.

O'tarkan ketarkan dardning barchasi,
Endi hech qiziqmas sevgi ko'chasi.
Shu zayl hayotim tugarkan desam,
Dard bilan do'st bo'lib yashar qanchasi.

Foyda yo'q bir chetda sukut saqlashdan,

O'tgan ishga salovot ketmaydi afsus.
Yurakka qulf urib ko'mdim kalitin,
Mening muhabbatim o'ldirgan shu kuz.

      Muallif: Ibrohim Xoliqulov

******

**Murodilova Mushtariybonu Rustamjon qizi** 2010-yil 28-iyun Farg'ona viloyati Quva tumanida tavallud topgan. Farg'ona viloyati Quva tumani 40-umumiy o'rta ta'lim maktabining 8-sinf o'quvchisi.

### Qishlog'im.

Qishloq sokin, odamlarga huzur bag'ishlay oladigan maskan. Erta tongda esadigan mayin shabboda, ariqlardan shildirab oqayotgan Benazir suvlar, qushlarning sayrashi, mehnatkash va mehribon, soddagina odamlar bilan boyitilgan Jannatmakon joy. Kechalari qurbaqalarning qurrillashi va suvlarning shildirab oqishini eshitib dam olish ham rohat bahsh etadi odamga. Ayniqsa bahor fasli gullagan daraxtlar va yam yashil gilam qoplab olganday tusga kirgan dalalar. Qishloqda barcha uylarda meva daraxtlar va ular berayotgan mo'l-ko'l hosillar ham insonlar uchun berilgan eng ulug' ne'mat albatta. Shaharda yashaydigan odamlar bahor kelsa ham bahor faslidan rohatlana olmaydilar, daraxtlardan mevalar tera olmay, fasllardan zavqlana olmaydilar.

Yoshligimdan qishloqda tug'ulib, qishloqda katta bo'lganman. Insonlar shaharda yashashni xohlashadi lekin shaharlarda qishloq singari toza havo, mo'l-ko'l hosillar, go'zal tabiat yo'q bo'lib har taraflari baland-baland binolar bilan o'rab olingan, Hayot go'zalliklaridan bebahra yashamoqdalar.

Har bahor fasli qishlogi'imiz shunaqangi chiroyli bo'lib gullar bilan qoplanadiki ko'rgan ko'zlar baxtdan porlaydi, bunday go'zal ne'matlar uchun shukronalar keltiramiz. Shaharlardan, Chet ellardan ham mehmonlar tashrif buyurib bunday go'zallikdan bahramand bo'lib ketadilar. Qishlog'imiz ayollari bilan Sumalak va har xil milliy taomlar tayyorlaymiz bu ham o'zgacha zavq. Bizning qishloq qir-adirliklar yaqinida joylashgan, eng go'zal qishloq desam mubolag'a bo'lmaydi. Har bir faslning o'zgacha chiroyi, insonga zavq bag'ishlay oladigan jihati bo'ladi albatta. Fasllar almashar ekan qishlog'imiz go'zal manzaralarga boyib boraveradi.

Qish fasli butun qishloq oq marvarid bilan bezanadi, saxiy qish barcha joylarni o'zining oppoq libosi bilan bezaydi. Kechalari barcha joylarda qor xuddi marvarid misoli yarqiraydi. Otajonim qish faslida bizni qirlarga olib chiqib sirpanchiq, chang'i uchiradi. Opa ukalarim, do'stlarim bilan qorbo'ronlar o'ynab qishning benazir boyligidan zavqlanamiz.

Qishlog'im shunday Jannatmakon o'lka. Shunday Jannatmakon joyda yashash menga nasib qilganidan bag'oyat baxtiyorman va men qishlog'imni yaxshi ko'raman.

\*\*\*\*\*\*

**Ahmadova Gulchiroy Umidjon qizi** 2008-yil 30-mart Farg'ona Viloyati Qo'shtepa tumanida tug'ilgan. Hozirda 11-IDUM 11-sinf o'quvchisi.

### Eko faol Azizbek

Kuz... Tabiat sargish va tillarang libosga burkangan, shabadalar daraxtlarning ohangdor shovullashi bilan aralashib, atrofga sokinlik baxsh etmoqda. Yer yuzini qalin barglar qoplagan, osmondan esa yana yaproqlar mayin tushmoqda. Bizga yaxshi tanish bo`lgan Azizbek tomorqada onasiga yordam berib, kuzgi barglarni yigayotgan edi. Shu payt Azizbekning onasi Roziya xola mahalladagi barglarni yoqayotgan odamlarga norozi qarab, hafsalasi pir boldi.

— Nahotki odamlar shuncha yillik daraxtlarga shafqat qilmasa? — dedi onasi afsus bilan.

Azizbek esa hayrat bilan unga qaradi. Axir u har doim kuzgi barglarni yoqish tabiatni tozalash, atrofni ozoda qilish bilan barobar deb oylardi. Axir yerdagi quruq barglar tartibsizlik yaratmaydimi? Ularni yoqib yoqotish eng oson va togri yol emasmi?

Roziya hola esa mayingina kulimsiragan holda kichik eko-faolga qarata bosh chayqadi:

— Bolam, hazonrezgilik — bu shunchaki daraxtlarning eski barglaridan qutulishi emas. Yechimesa oddiy — to`kilgan barglarni yig`ib shunchaki daraxtlar ostiga ko`mish kerak. Bu tabiatning oz qonuniyati, oz hayot aylanishi. Barglar nafaqat shoxlarida turganida, balki yerga tushganida ham daraxtga xizmat qiladi. Ular chirib, yerga singadi va hosildorlikni oshiradi. Bu daraxtga hayot bagishlaydigan eng tabiiy ogit!

Azizbek chuqur oyga toldi. Demak, inson tabiatga yordam beraman deb, aslida unga zarar yetkazayotgan bolishi mumkin ekan. Shundan so`ng uhar safar kimdir barg yoqayotganini korsa, ularning oldiga borib, bilganlarini tushuntiradigan boldi. Mahallaning kichik ekofaoliga aylangan Azizbek endi har bir daraxtni tabiatning bebaho xazinasi deb bilardi. Axir tabiat — bizga ishonib topshirilgan omonat!

Kuz... Tabiat sargish va tillarang libosga burkangan, shabadalar daraxtlarning ohangdor shovullashi bilan aralashib, atrofga sokinlik baxsh etmoqda. Yer yuzini qalin barglar qoplagan, osmondan esa yana yaproqlar mayin tushmoqda. Bizga yaxshi tanish bo`lgan Azizbek tomorqada onasiga yordam berib, kuzgi barglarni yigayotgan edi. Shu payt Azizbekning onasi Roziya xola mahalladagi barglarni yoqayotgan odamlarga norozi qarab, hafsalasi pir boldi.

— Nahotki odamlar shuncha yillik daraxtlarga shafqat qilmasa? — dedi onasi afsus bilan.

Azizbek esa hayrat bilan unga qaradi. Axir u har doim kuzgi barglarni yoqish tabiatni tozalash, atrofni ozoda qilish bilan barobar deb oylardi. Axir yerdagi quruq barglar tartibsizlik yaratmaydimi? Ularni yoqib yoqotish eng oson va togri yol emasmi?

Roziya hola esa mayingina kulimsiragan holda kichik eko-faolga qarata bosh chayqadi:

— Bolam, hazonrezgilik — bu shunchaki daraxtlarning eski barglaridan qutulishi emas. Yechimesa oddiy — to`kilgan barglarni yig`ib shunchaki daraxtlar ostiga ko`mish kerak. Bu tabiatning oz qonuniyati, oz hayot aylanishi. Barglar nafaqat shoxlarida turganida, balki yerga tushganida ham daraxtga xizmat qiladi. Ular chirib, yerga singadi va hosildorlikni oshiradi. Bu daraxtga hayot bagishlaydigan eng tabiiy ogit!

Azizbek chuqur oyga toldi. Demak, inson tabiatga yordam beraman deb, aslida unga zarar yetkazayotgan bolishi mumkin ekan. Shundan so`ng uhar safar kimdir barg yoqayotganini korsa, ularning oldiga borib, bilganlarini tushuntiradigan boldi. Mahallaning kichik ekofaoliga aylangan Azizbek endi har bir daraxtni tabiatning bebaho xazinasi deb bilardi. Axir tabiat — bizga ishonib topshirilgan omonat!

Keyingi kun... Bizga yaxshi tanish Toshkoprik mahallasida yashovchi Azizbek yana bir hayratlanarli voqeaning guvohi boldi. U tinch va sokin oqayotgan anhor boyida ketayotgan edi, yol chetida yotgan ulkan chiqindi uyumiga kozi tushdi. Bu manzara uni chuqur oyga toldirdi, chunki atrofda na chiqindi tashlash uchun maxsus quti, na poligon bor edi.

Azizbek maktabga borishi bilan oqituvchisidan bu haqda soradi. Ustoz esa sabr bilan tushuntirdi: bu kabi chiqindi uyumlari insonlarning oz bilimsizligi va loqaydligi tufayli paydo bolishini takidladi. Unga kora, hozirda yurtimizda chiqindilarni toplash va qayta ishlash uchun 700 gektardan ortiq yer ajratilgan, lekin asosiy muammo chiqindilarni togri ajratmaslikda edi.

Ustoz plastik chiqindilar eng katta xavf tugdirishini tushuntirdi. Chunki ular turiga qarab 500 yilgacha parchalanmay, mikroplastiklarga aylanadi va hatto oziq-ovqat orqali inson organizmiga kirib, zarar yetkazishi mumkin. Yana bir muammo — plastik chiqindilarni organik qoldiqlar, yani meva va sabzavot pochoqlari bilan aralashtirish. Odatda organik chiqindilar atigi 30 kun ichida chirib yoq boladi, lekin plastik bilan birga tashlansa, ularning ham parchalanish muddati 500 yilga choziladi.

— Shuning uchun ham bolajonlar, — dedi ustoz, — siz ozingiz yashayotgan yerni asrashingiz va chiqindilarni togri ajratishni organishingiz lozim. Axir tabiat — hammamizniki!

Azizbek bu gaplarni eshitib, atrof-muhitga bolgan qarashlarini ozgartirdi. Endi u chiqindilarni tartib bilan ajratib tashlashni — tabiiy va plastik chiqindilarni ajratishni va boshqalarga ham shuni orgatishni maqsad qildi. Chunki tabiatni hozirgi va keyingi avlodga toza holda yetkazish insonlar qolida.

※※※※※※

**Suyunova Marjona Bobir qizi**
28.09.2003 yilda Qashqadaryo viloyati Guzor tumanida tug'ilgan.
Hozirda O'zMU Xorijiy filologiya fakultetida tarjima nazariyasi va amaliyoti yo'nalishida 4-kurs bitiruvchisi.

Nega u yoq bahtdan uchardinku samolardan balandda?
Sevsa sevamiz jonimiz fido
Kechmoqlik qalbimizga jafo
Ojizasan sabr qil kongil deya
Zulmatlarga shung'iganmiz go'yo.
Dediki: Sensan meni borim, nafasim

Sensiz dunyo go'yo qafasim
Imkon bergin Marjonim bir bor
Hayoting bahtlarga to'ldiray har on.
Dedimki: Kuching yetmas sevmagin meni hech ham
Sengamas vafodorlik qilmoq har dam.
Qo'y gunohga botmagin sen ham
Azobdan o'lmayin men ham.
Sevaman seni dunyo qadar
Ishqinda sarhush bolgan majnun qadar
Sozlaring rost bolsa oshigim
Duo qilgin qilayin men ham.
Afsus ketti deyolmadim:
Begim qolgin Jannatda huring bo'lay
Bahtlardan go'zallashgan guling bo'lay
Xiyonatlar kormagan yoring bo'lay
Sevgingdan porlagan marjoning bo'lay.
Keyinchi...?
Emush yaqinda baht oqshomi
Uchrashuvlar bo'larmush har oqshomi
Demushlar:
Qalbim sevmagan o'zgasin
Kozlarim izlagan sendayin.
Ne ham derdim bolsin bahtiyor

Bahtliman ishoning men har dam
Roziman tadirimdan ayni dam
Meni sevsinla men sevgan Qoriyim


\*\*\*\*\*\*

**Farzona Hoshimova Ilhomjon qizi** 2010-yilning 10-dekabr sanasida Farg'ona shahrida tavallud topgan. Farg'ona shahridagi 18-o'rta ta'lim maktabida 6-sinfgacha tahsil olgan. Marg'ilon shahridagi Erkin Vohidov nomli ijod maktabining 8-"D" sinf o'quvchisi. Shu bilan birgalikda, Respublika bolalar kutubxonasi qoshida ochilgan "IJODKOR BOLALAR", O'zbekiston, Qozog'iston hamkorligidagi "Qo'sh Qanot Yozuvchilar Uyushmasi", Xalqaro "IQRA FOUNDATION" tashkiloti va Argentina yozuvchilar uyushmasi a'zosi. 2023 yil mart oyida Buyuk Britaniya va Yevropa mamlakatlarida "Good people-stay safe" nomli ilk kitobi nash etilgan.

## Boychechak isi

Bahor, yurtimizga fasllar kelinchagi kirib keldi. Quyoshning zarrin nurlari yer yuziga nur sochardi. Maktabdan chiqib buvimlarnikiga bordim. Har doimgidek buvim meni iliq kutib oldilar. Men qo'l yuvish uchun jo'mrakni ochib qo'l yuvdim, buvim tomon borarkanman ular:

-Jo'mrakni yaxshi yopmadingiz, suv oqayadpi- dedilar, men ortimga qaytib uni yaxshilab yopdim va:

-buvi, qarang bahor qanday chiroyli, men har yili bahorni intiqlik bilan kutaman, sizchi buvijon siz ham bolaligingizda bahorni kutarmidingiz?-deya so'radim.

-bahormi?- dedilaru, chuqur o'yga to'ldilar va asta davom etdilar- bolalik davrlarimda, ya'ni 70yillarda bahorni intiqlik bilan kutardik, chunki qish juda qattiq kelib, tizza bo'yi qorlar yog'ardi, ariqlardagi va ichimlik suvlar muzlab qolardi. Hovlimiz etagidan oqib o'tgan katta soy qirg'og'ida buloq bo'lib u qishda muzlamasdi, aholi iste'mol uchun qishda shu buloq suvidan foydalanardi. Qorlar bosib qolgan elektr toklari uzilib, anchagacha chiroqsiz o'tirardik. Sham yoqib kitob o'qirdiik, vazifalarimizni tayyorlardik. Hozirgidek uylarimizda gazlar bo'lmasdi, pechkalarga o'tin va ko'mir yoqardik. 74yillarda mahallamiz gaz bilan ta'minlangan, biz juda hursand bo'lganmiz. Qish mavzumida juda qiynalganimiz bois, kattalar yoz mavsumida gaz va suvdan tejab foydalanishimizni takidlashardi. Biz doimo elektr energiyasi, suv va gazni iloji boricha ehtiyot qilardik. Ko'chalarda jo'mraklardan suv oqib yotganini ko'rsak darrav uni berkitardik. Ichimlik suvidan ortiqcha foydalanmasdik, ko'chalarga suv sepish uchun ham ariqlardagi oqma suvlardan olardik. Bahor kelishi bilan dugonlarim bilan boychechak qidirgani hovlimiz orqasida oqib oʻtgan soy yoqalab qirga chiqardik. Bahorning ilk kunlari qor ostidan asta bosh koʻtarkan boychechak islash bilan oʻtardi. Bahor elchisini topib mahallada eshikma-eshik qoʻshiq aytardik. Kattalar uni koʻzlariga surtishardi. Huddi, bahorni biz boshlab kelgandek bizdan juda hursand boʻlib, baʼzilar kulcha, baʼzilar shirinliklar berib siylashardi. Har galgi bahorim juda fayzli kelardi. Adabiyotga juda qiziqqanim uchun ham Bahorga qoʻshib

Zulfiyaxonim tavalludini ham intiqlik bilan kutardim. Men har gal aytardim, Bahorni Zulfiyaxonim Isroilova boshlab keladi deb, qarang-ki, bu gal u Ramazonni ham boshlab keldi. Juda o'zgacha keldi bu yilgi Bahor...- shunday deb gaplarini yakunladilar. Men buvim bilan xayrlashib ko'chaga chiqarkanman, butun hayolim qor ostidan barq urib chiquvchi boychechaklarda. Ko'cha chetidan yurib ketarkanman quyoshning zarrin nurlarida eriy boshlagan qorlar orasidan boychechak bosh ko'targandi. Men uni ko'rishim bilan buvimga olib bordim, ular boychechakni ko'zlariga surib, gulni to'yib hidladilar va qo'shib qo'ydilar:
-Boychechakdan bolaligim hidi anqiydi...

## Halimaxon buvimning yorqin xotirasiga bag'ishlayman
1934-yil—2024-yil (15-iyul)
(Karimaxon buvim tilidan)

**Ona sog'inchi**
Yormazor yo'llarin sog'inib keldim,
Onamni topolmay o'yga tolaman.
Dunyoni unutay hayolga cho'mib,
Go'yo xotiralar ichra oqaman.

Bolalik yillarim sogʻinib keldim,
Shoʻxligim qidirib mayus boqaman.
''Margʻilon soy'' oqar, sassiz, bemajol,
Men suvga tikilib javob kutaman.

Asfalt yoʻllaridan yurib oʻylayman,
Tuproq koʻchalarda oʻtgan yillarim.
Vaqt oʻtar, hech kimni ayab oʻtirmay,
Umr changlarida qolgan yillarim.

Onam tizzasiga bosh qòyib tunda,
Aytgan ertaklarin bir zum esladim.
Bugun quchogʻiga olarkan tuproq,
Onamning ertagin qo'msab yigʻladim.

Onam hidlarini izlab daydiyman,
Sargardon kezaman xilvat dunyoni.
Borliqqa boqaman sassiz tabiat,
Gòyo qizģonadi mendan diydorni.

Yormazor yoʻllarin sog'inib keldim,
Oʻsha pastak devor, yorugʻ oynalar.
Barcha xotiralar senda mujassam,
Namuncha shoshilding, ey soniyalar.

Hayotning beshafqat soʻqmoqlari bor,

Men esa ulardan oʻtib boryapman.
Goʻyo tanam jonsiz, yurak esa jim,
Xotiralar bilan yashab boryapman.

Diydoringiz tuymay sizni yoʻqotdim,
Joyingiz jannatda boʻlsin onajon.
Kunlar oʻtar sogʻinch esa berar azob,
Qabringiz nurlarga toʻlsin onajon.

Farzona HOSHIMOVA

******

**Isropilov Aliakbar** 2004-yil 9-sentabr kuni Namangan viloyati Chortoq tumani Peshqo'rg'on qishlog'ida fermer oilasida tavallud topgan." Kitob " nomli she'ri Chortoq tumanidagi Yoshlar maydoni gazetasida bosilib chiqqan." Peshqo'rg'on ohanglari " nomli 1-she'riy kitobi 2022-yil Usmon Nosir media nashriyotida chop etilgan.Vodiy ijodkorlari-2023 seminari ishtirokchisi. O'zbekiston Yozuvchilari uyushmasi tomonidan o'tkazilgan "Ona sizni yaxshi ko'raman" nomli tanlovning nazm yo'nalishi 2-o'rin sohibi bo'lgan."Dildagi muhabbatim" nomli 2-she'riy kitobi 2024-yilda chop etildi.Oltin qanot volontyorlar akademiyasi a'zosi.Yangi yer tongi Adabiyot olami gazetalari muxbiri.

## Tamomman

Yomon degin oʻzi yomonman
Bil baribir sening tomonman
Yor yonimda bo'lmasang bir zum
Hijronlarda yonib tamomman

Nozlaringdan figʻonim falak
Yetisholmay yuragim halak
Goʻzallardan goʻzalsan Malak
Hajringda yor sensiz tamomman

Ishqingda yor yuragim tilib
Yetishishni orzular qilib
Muhabbatim olgin-da bilib
Bilsang agar sensiz tamomman

## Balo bormi sevishga

Aytsam sizga rostini,
Deysiz bular choʻpchakda.
Bir so'm pul yoʻq choʻntakda,
Balo bormi sevishga ?

Shuni doim yodda tut,
Qorin to'ymas sevgiga.
Qolib yana kulguga,
Balo bormi sevishga ?

Ishq sharobin tuydirib,
Qolsa o'zin suydirib,
Ketsa agar kuydirib,
Balo bormi sevishga ?

### O'g'iloy

Bo'ldi yetar nozing oshirma
G'azablarim to'lib-toshirma
So'yla sen ham sevging yashirma
Bergan menga qalbingdan bir joy
Sevib qoldim seni O'g'iloy

Oshig'ligim o'zing bilasan
Qachongacha nozlar qilasan
Hijron ila bag'rim tilasan
Bergin menga qalbingdan bir joy
Sevib qoldim seni O'g'iloy

So'zlaringdan yayraydi dilim
Yonimga kel,kelaqol gulim

Bilgin menga sensizlik o'lim
Bergin menga qalbingdan bir joy
Sevib qoldim seni O'g'iloy

✍ **Isropilov Aliakbar**

\*\*\*\*\*\*

**To'raboyeva Ravshanoy Odilbek qizi** 2004-yilning 10-dekabrida Xorazm viloyati Shovot tumanida tugilgan. Hozirda Abu Rayhon Beruniy nomidagi Urganch davlat universiteti Tabiiy va qishloq xo'jaligi fanlari fakulteti geografiya yo'nalishi talabasi.

### Xorazm

Butun jahon tarixin bitgan.
Qon-qonimga singan qo'rg'onim manim
Faxrlansa arzir asarlar bitgan,
Ko'z ochib ko'rganim buyuk Xorazm

Xorazmiylar chiqqan quchoqlaringdan
Dunyo hisobini belgilab bergan
Izdoshing bo'lishim kerak izingdan
Ko'z ochib ko'rganim Xorazm bo'lgan

Shukrlar bo'lsinki Afg'on emasman,
Behisob shukurki qozoq emasman,
Shu elning o'g'limas, qizi ekanman,
Nasib qilsa Xorazm Zulfiyasiman.

\*\*\*\*\*\*

## O'ZBEKISTONDA TARIXIY-MADANIY TURIZMNI RIVOJLANTIRISHNING IJTIMOIY-IQTISODIY JIHATLARI

O'zbekiston davlat jahon tillari universiteti
Ingliz filologiyasi fakulteti 1-bosqich talabasi
**Adhamjonova Munavvara Elyorjon qizi**
adhamjonovamunavvara@gmail.com

**Annotatsiya.** O'zbekistonda tarixiy-madaniy turizmni rivojlantirish mamlakatning boy o'tmishini namoyish etish va madaniyatlararo almashinuvni rivojlantirish uchun kuchli vosita bo'lib xizmat qiladi.Mazkur maqolada

O'zbekistonda tarixiy-madaniy turizmni rivojlantirish jarayonida ijtimoiy va iqtisodiy omillarning o'zaro ta'siri, tarixiy obidalar asosida barqaror turizmni yaratish yo'llari, shu bilan birga, turizm sohasi orqali mintaqaviy ijtimoiy farovonlikni ta'minlash imkoniyatlari tahlil etiladi. Tarixiy-madaniy turizmni rivojlantirish imkoniyatlari va istiqbollari aytib o'tiladi.

**Kalit so'zlar.** tarixiy-madaniy turizm, ijtimoiy-iqtisodiy rivojlanish, tarixiy yodgorlik, madaniyat.

O'zbekiston Respublikasi qadimiy tarixga, boy madaniyat va yodgorliklarga ega mamlakatlardan biridir. Samarqand, Buxoro, Xiva, Shahrisabz kabi shaharlarda joylashgan tarixiy obidalar nafaqat milliy, balki jahon miqyosidagi ahamiyatga ega bo'lib, ular mamlakatning turizm salohiyatini belgilovchi asosiy omillardandir. Bugungi kunda O'zbekistonda turizm sohasini rivojlantirish davlat siyosatining ustuvor yo'nalishlaridan biri bo'lib, ayniqsa tarixiy-madaniy turizmning ijtimoiy-iqtisodiy jihatlarini o'rganish dolzarb masalaga aylangan. Bundan tashqari, mamlakatimiz sayyohlik joylariga kirishni yaxshilash, mehmondo'stlik xizmatlarini rivojlantirish va uning madaniy va tabiiy merosini kelajak avlodlar uchun himoya qiluvchi barqaror turizm amaliyotlarini targʻib qilish orqali tashrif buyuruvchilar tajribasini oshirishga eʼtibor qaratmoqda. Chunki madaniyatlararo muloqot va almashinuvni rivojlantirishga qaratilgan turizm sabab qilinayotgan tashabbuslar boshqa xalqlar bilan aloqalarni mustahkamlash, tinchlik va oʻzaro tushunishni rivojlantirish hamda Oʻzbekistonning jahon merosiga qoʻshgan hissasini koʻrsatishga yordam beradi.

Tarixiy-madaniy turizm – bu sayyohlarning tarixiy obidalar, arxeologik joylar, muzeylar, diniy maskanlar, meʼmoriy yodgorliklarni koʻzdan kechirish orqali madaniyat va tarix bilan tanishish faoliyati. Bu turdagi turizmning asosiy ustunligi – milliy merosni asrash bilan birga uni iqtisodiy resursga aylantirish imkoniyati mavjudligidir. O'zbekistonda tarixiy va madaniy turizmni rivojlantirish meros obʻektlarini saqlash muhim ijtimoiy-iqtisodiy oqibatlarga olib keladi. Mamlakat sayyohlik sektoriga sarmoya kiritish va kengaytirishda davom etar ekan, bir qancha ijtimoiy-iqtisodiy jihatlar kuchayib boradi, ular jamoalar tuzilishini shakllantiradi, turmush tarziga ta'sir qiladi va umumiy iqtisodiy o'sishga hissa qo'shadi.

Quyida Oʻzbekistonda tarixiy-madaniy turizmni

rivojlantirishning asosiy ijtimoiy-iqtisodiy misollari bilan tanishib chiqamiz:

Birinchidan, turizm iqtisodiy rivojlanishga salmoqli ta'sir ko'rsatyapti. O'zbekistonda tarixiy va madaniy turizm iqtisodiy taraqqiyot jadal rivojlanmoqda. Mamlakatning boy tarixiy merosi xorijiy sayyohlarni jalb etish orqali turizm sohasining rivojlanishiga xizmat qilyapti. Bu esa o'z navbatida iqtisodiy foyda keltiradi, yangi ish o'rinlarini yaratadi hamda mahalliy tadbirkorlikni faollashtiradi. Sayyohlarning tashrifi mehmonxona, ovqatlanish joylari, transport, hunarmandchilik mahsulotlari savdosi va boshqa xizmatlar orqali aholi daromadlariga ijobiy ta'sir ko'rsatadi. Natijada hududlarning umumiy iqtisodiy rivojlanishiga sezilarli hissa qo'shiladi.

Ikkinchidan, O'zbekistonda tarixiy-madaniy turizmni rivojlantirish madaniy merosni ham saqlash va asrab-avaylashda muhim omil sifatida xizmat qilmoqda. Ushbu turdagi turizm orqali diqqatga sazovor yodgorliklar, arxeologik joylar, me'moriy obidalar hamda xalqimizning boy tarixiy va madaniy an'analari keng jamoatchilik e'tiboriga havola qilinadi. Bu esa nafaqat ushbu merosni ommalashtirish, balki ularni saqlab qolish va qayta tiklash borasidagi ishlarni ham faollashtiradi.Turizm sohasi orqali hosil bo'lgan daromadlar tarixiy obidalarni saqlash, ularni restavratsiya qilish va infratuzilmasini yaxshilashga yo'naltirilishi mumkin. Shu yo'l bilan ushbu meros ob'ektlarining umrini uzaytirish, ularni kelajak avlodlar uchun saqlab qolish imkoniyati yaratiladi. Buning natijasida madaniy meros nafaqat tarixiy xotira sifatida, balki iqtisodiy resurs sifatida ham qadrlanadi. Shuningdek, madaniy turizm aholining madaniy ongini yuksaltirish, milliy identitetni mustahkamlash va o'z tarixiga nisbatan iftixor tuyg'usini shakllantirishda ham beqiyos ahamiyatga ega. Demak, turizm sohasi orqali nafaqat iqtisodiy yutuqlarga erishiladi, balki madaniy merosning barqaror saqlanishiga ham zamin yaratiladi. Bundan tashqari, mamlakatimizda tarixiy-madaniy turizmning jadal rivojlanishi mahalliy aholi uchun yangi ish o'rinlari yaratishga hissa qo'shib boryapti.Turizm sohasiga oid infratuzilmaning kengayishi bilan birga mehmondo'stlik, gidlik xizmatlari, transport, madaniy merosni talqin qilish va servis xizmatlari kabi yo'nalishlarda malakali kadrlarga bo'lgan ehtiyoj ortib bormoqda. Bu holat hududlarda ishsizlik darajasining kamayishiga, aholi bandligining oshishiga va turmush darajasining yaxshilanishiga ijobiy ta'sir ko'rsatadi.Shuningdek, mahalliy aholi, ayniqsa yoshlar va ayollar, turizm sanoatida faol ishtirok eta boshlaydi, bu esa ijtimoiy faollikni oshiradi va iqtisodiy imkoniyatlarni kengaytiradi. Turizmning ushbu shakli nafaqat iqtisodiy foyda keltiradi, balki jamiyatning barqaror ijtimoiy rivojlanishiga ham xizmat qiladi.

Yana bir quvonarli tarafi shundaki,tarixiy-madaniy turizm O'zbekiston va boshqa mamlakatlar o'rtasida madaniyatlararo aloqalarni kengaytirish uchun muhim vosita bo'lib xizmat qiladi. Turli davlatlardan tashrif buyuruvchi sayyohlar milliy urf-odatlar, qadriyatlar va tarixiy an'analar bilan tanishar ekan, ular orqali o'zaro tushunish va madaniy bag'rikenglik rivojlanadi. Bunday muloqotlar xalqlar o'rtasida do'stona munosabatlarning shakllanishiga, o'zaro hurmatning ortishiga va global darajadagi ijtimoiy integratsiyaga zamin yaratadi. O'zbekiston o'zining boy tarixiy merosi va madaniy xilma-xilligi bilan dunyo hamjamiyatiga o'ziga xos madaniy tajriba taklif etadi. Bu esa nafaqat milliy tushunchaning mustahkamlanishiga, balki xalqaro hamkorlikning kengayishiga ham xizmat qiladi.

Turizm orqali yuzaga keladigan bu madaniy ko'priklar O'zbekistonning jahon madaniy maydonidagi o'rnini mustahkamlab, tinchlik va hamjihatlik tamoyillarini ilgari suradi.

O'zbekistonning tarixiy va madaniy merosi ko'p asrlarga borib taqalishi ma'lum, u Ipak yo'li, qadimiy shaharlar, me'moriy mo'jizalar va xilma-xil madaniy amaliyotlarni o'z ichiga oladi. Bu boy merosni sayyohlik yo'li bilan asrab-avaylash va targ'ib qilish nafaqat tashrif buyuruvchilarni jalb etish, balki mahalliy aholida g'urur va o'zlikni anglash tuyg'ularini uyg'otishga ham xizmat qilmoqda. O'zbekiston o'zining tarixiy ildizlarini qamrab olgan holda, bugungi kundagi iqtisodiy o'sish va ijtimoiy rivojlanish uchun o'z o'tmishidan foydalanadi. O'zbekiston o'zining madaniy boyliklaridan foydalangan holda va meros turizmini rag'batlantirish orqali turli sayyohlarni jalb qilishi, sayyohlik takliflarini kengaytirishi hamda turizm sohasida tadbirkorlik va innovatsiyalar uchun imkoniyatlar yaratishi mumkin.

Xulosa qilib aytganda, O'zbekistonda tarixiy-madaniy turizmning rivojlanishi uning ijtimoiy va iqtisodiy strukturasiga bevosita ta'sir ko'rsatadi, madaniy almashinuvni rag'batlantiradi, iqtisodiy farovonlikni oshiradi hamda barqaror rivojlanishga asos yaratadi. Mamlakat o'zining boy madaniy merosidan samarali foydalanib, mahalliy aholini jalb etish va turizmni strategik ravishda rivojlantirish orqali sayohatchilar uchun hayratlanarli madaniy tajriba taqdim etuvchi yetakchi yo'nalish sifatida o'z o'rnini mustahkamlashi mumkin. To'g'ri rejalashtirish, manfaatdor tomonlar bilan hamkorlik va barqaror rivojlanishga e'tibor qaratish orqali O'zbekistonda tarixiy va madaniy turizm, nafaqat iqtisodiy, balki jamiyat uchun ham foydali bo'lib, yanada muvaffaqiyatli rivojlanish imkonini beradi.

FOYDALANILGAN ADABIYOTLAR.

Tuxliyev I.S., Xaitboyev R., Tursunova G.R. Turizm asoslari. O'quv-uslubiy murakkab. - Samarqand, SamISI, 2013. - 372 b.

Qudratov G.H., Pardayev M.Q., Otaboyev R. O'zbekistonda turizm salohiyati va uni rivojlantirishda davlat siyosatining asosiy yo'nalishlari. // xizmat ko'rsatish va turizm sohalarini rivojlantirish: muammolar va ularning yechimlari. - T.:Iqtisodiyot va moliya, 2008. - b. 61-70.

Ro'ziyev Sh. "O'zbekistonda tarixiy-madaniy turizmni rivojlantirishning tashkiliy iqtisodiy mexanizmini indikativ boshqarish metodikasi" J. Экономика и финансы. https://cyberleninka.ru/

Тухлиев Н., Таксанов А. Экономика большого туризма. Т.: «Узбекистон миллий энциклопедияси», 2001. — 208с. Стр. 13

\*\*\*\*\*\*

**SETMURATOVA MALAK** Xorazm viloyati Shovot tumani Kat qal'a qishlog'i Botirlar mahallasida tug'ilgan. Hozirda 36-maktabning 3 - sinf o'quvchisi . Yosh ijodkor sifatida tengdoshlariga o'rnak bo'lib kelmoqda. Bir qancha marta rivojlanish loyihalarining muaffaqiyatli tugatganligi uchun Sertifikatlar sohibi.

### Ona yuragi

Tongdek nuri bilan uyg'otar meni
Mehrli qo'llar ila silar sochimni
Ranjiganda hamki koyimas meni
Nolimay beradi non-u oshimni

Ona-quyoshimsiz nurli osmonim
Ona-quvonchimsiz baxli har onim
Dunyo go'zalisiz mehri ummonin
Ona bag'ridek yo'q siz mehribonim

Yomg'ir yog'sa soyobon bo'lgan
Og'riq bo'lsa dardimni so'rgan
Menga bergan ko'z nurlarini
Kulishim ham unga kuch bergan

Meni ulg'aytirgan onam bo'ladi
Yuragimda turgan faxrim bo'ladi
Ona degan so'zim qo'shiq bo'ladi
Har go'zal tarifim sizga bo'ladi

Ona -quyoshimsiz nurli osmonim
Ona-quvonchimsiz baxli darmonim
Ey mehr sohibi siz onajonim
Sizga ming tazimim jannatim onam

Muallifi: Setmuratova Malak

✶✶✶✶✶✶

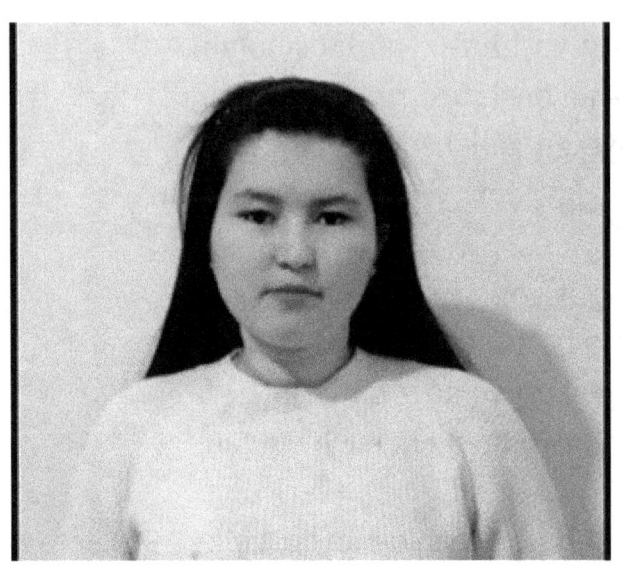

**Xolmurodova Dinora**
Shahrisabz davlat pedagogika institute
GIBA yo'nalishi 2- bosqich talabasi

**Psixologik-pedagogik qoʻllab-quvvatlash va oʻqituvchilarning kasbiy zo'riqish**
**Annotatsiya:** Mazkur ishda oʻqituvchilarning kasbiy faoliyatida duch kelinadigan psixologik zoʻriqish holatlari, ularning sabablari va oqibatlari tahlil qilinadi. Ayniqsa, ta'lim jarayonidagi ortiqcha yuklama, ota-onalar, oʻquvchilar va rahbariyat bilan munosabatlar, shuningdek, mehnat sharoitining yetarli darajada boʻlmasligi

oʻqituvchida stress holatini keltirib chiqarishi mumkinligi koʻrsatib oʻtiladi. Shu bilan birga, psixologik-pedagogik qoʻllab-quvvatlash tizimining ahamiyati, uning oʻqituvchining ruhiy holatini tiklash va barqarorlashtirishdagi roli yoritiladi. Ishda muammoga qarshi samarali strategiyalar, maslahatlar va profilaktik choralar taklif etiladi. Tadqiqot natijalari ta'lim sifatini oshirish va oʻqituvchilarning kasbiy faoliyatidan mamnunligini ta'minlashga xizmat qiladi.

**Kalit so'zlar:** psixologik qoʻllab-quvvatlash, pedagogik yordam, kasbiy zoʻriqish, o'qituvchi stressi, emotsional charchoq, pedagogik faoliyat, ruhiy salomatlik, stressga chidamlilik, psixoprofilaktika Kasbiy burnout (yoqib ketish sindromi), pedagogik stress Psixologik barqarorlik Ish joyidagi stress.

Bugungi kunda maktabgacha ta'lim tizimida bolalarning intellektual, ma'naviy va estetik tarbiyasini rivojlantirishda pedagogik faoliyatning sifatini oshirish, uning samaradorligini ta'minlash muhim ahamiyatga ega. Ayniqsa, pedagoglarning o'z kasbiy faoliyatlariga bo'lgan munosabati va ularning ishga bo'lgan ishtiyoqi muhim omil hisoblanadi. Pedagogik faoliyatdagi kasbiy kuyish sindromi (burnout) ayniqsa pedagogik ta'lim jarayonining muvaffaqiyatiga jiddiy ta'sir ko'rsatadi. Bu sindrom pedagoglarning emotsional va ruhiy holatini yomonlashtirib, ularning kasbiy samaradorligini pasaytirishi mumkin. Maktabgacha ta'lim tizimida pedagoglarning ruhiy holati va ishga bo'lgan motivatsiyasini qo'llab-quvvatlash muhim vazifalardan biridir.

O'zbekistonning ta'lim tizimi tub islohotlar jarayonini boshdan kechirmoqda. Bu jarayonda o'qituvchining roli alohida e'tiborga loyiq. Pedagogik faoliyat katta mas'uliyat, kuch va sabr talab etuvchi jarayon bo'lib, zamonaviy muhitda bu kasb egalari tobora ko'proq ruhiy bosim ostida qolmoqdalar. Kasbiy zo'riqish — bu faqat charchoq emas, balki emotsional, psixologik va jismoniy muvozanatning buzilishi bo'lib, uzoq davom etsa sog'liq, mehnat samaradorligi va ta'lim sifatiga salbiy ta'sir qiladi. Shu sababli o'qituvchilarni psixologik-pedagogik jihatdan muntazam qo'llab-quvvatlash bugungi kunning muhim vazifasidir.

Kasbiy zo'riqish (professional stress) — bu odamning o'z kasbiy faoliyatida doimiy ruhiy-emotsional bosim ostida qolishi natijasida yuzaga keladigan holatdir. O'qituvchilarda bu holat quyidagi omillar ta'sirida vujudga keladi:

Katta yuklama: Ko'p soatlik darslar, hisobotlar, nazorat ishlari va sinfdan tashqari vazifalar.
Moliyaviy qoniqmaslik: Maosh va ijtimoiy kafolatlarning yetarli emasligi.
Jamiyatdagi qadrsizlik: O'qituvchilik kasbining obro'si past baholanishi.
Tashkiliy qo'llab-quvvatlashning yetishmasligi: Maktab rahbariyati yoki psixologik xizmatning sustligi.
O'quvchilarning xulqi va ota-onalar bilan muloqotdagi muammolar.
Kasbiy zo'riqishning oqibatlari

Uzoq davom etadigan kasbiy stress quyidagi salbiy oqibatlarga olib keladi:

Emotsional so'nish (burnout);

Ruhiy tushkunlik, xavotir, befarqlik;

Uyqusizlik, charchoq, jismoniy kasalliklar (bosh og'rig'i, qon bosimi, yurak xurujlari);

Ishdan qoniqmaslik va kasbni tark etish istagi;

O'quvchilar bilan salbiy munosabatlar, dars sifatining pasayishi.

Kasbiy stress o'qituvchilarda o'zini anglash, emotsional so'nish, charchoq va ruhiy tushkunlikka olib kelishi mumkin. Agar bu holat uzoq davom etsa, o'qituvchining umumiy ruhiy va jismoniy salomatligi yomonlashadi va ta'lim jarayonining sifatiga salbiy ta'sir ko'rsatadi.

Kasbiy stressning o'qituvchilar uchun turli xil salbiy oqibatlari bo'lishi mumkin:

1. Emotsional so'nish: O'qituvchining ta'limga bo'lgan qiziqishi kamayadi, o'zini zaif va qo'llab-quvvatlanmagan his qiladi. U befarq va charchagan bo'lib, o'quvchilar bilan ishlashda samarali bo'lmasligi mumkin.

2. Ruhiy va jismoniy kasalliklar: Stress o'qituvchining psixologik holatini yomonlashtiradi va surunkali bosh og'rig'i, uyqusizlik, yurak-tomir kasalliklari kabi muammolarga olib kelishi mumkin.

3. Motivatsiyaning yo'qolishi: O'qituvchining o'z ishiga bo'lgan ishtiyoqi yo'qoladi, bu esa darslarni samarali o'tkazishga to'sqinlik qiladi va o'quvchilarga ta'sir qiladi.

4. Kasbni tark etish: Kasbiy zo'riqish kuchayganida, o'qituvchilarning ayrimlari ta'lim sohasini tark etishni o'ylashlari mumkin. Bu esa ta'lim tizimining barqarorligiga jiddiy tahdid soladi.

O'qituvchilarni kasbiy zo'riqishdan himoya qilish va ularga psixologik-pedagogik qo'llab-quvvatlashni ta'minlash, ta'lim jarayonining sifatini oshirishga xizmat qiladi. Bu jarayon quyidagi asosiy yo'nalishlarni o'z ichiga oladi:

1. Psixologik maslahatlar va terapiya: O'qituvchilar uchun stressni boshqarish, emotsiyalarni nazorat qilish bo'yicha individual va guruhli mashg'ulotlar tashkil etilishi zarur. Bunday mashg'ulotlar o'qituvchilarni ruhiy barqarorlashtirish va stressni yengishning samarali usullarini o'rgatishga qaratilgan bo'lishi lozim.

2. Motivatsiya va rag'batlantirish: O'qituvchilarni doimiy ravishda rag'batlantirish, ularning ishiga bo'lgan qiziqishini va ishtiyoqini oshiradi. O'qituvchilarga yaxshi ishlari uchun ta'lim muassasasidan ma'naviy va moddiy mukofotlar berish motivatsiyani kuchaytiradi.

3. Ijtimoiy qo'llab-quvvatlash: O'qituvchilarning jamiyatda va ta'lim muassasasida ijtimoiy qo'llab-quvvatlash tizimini yaratish zarur. Bunga o'qituvchilarni bir-biriga yordam berish, hamkasblar o'rtasida muloqotni rivojlantirish va psixologik yordam ko'rsatish kiradi.

4. Professional rivojlanish va o'zini anglash: O'qituvchilar uchun kasbiy o'sish imkoniyatlarini yaratish, seminarlar, kurslar va treninglar orqali malaka oshirishni ta'minlash zarur. Bu o'qituvchilarga yangi bilimlar olish va o'z

kasbiga bo'lgan ishtiyoqini saqlashda yordam beradi.

5. Ish muhitini yaxshilash: O'qituvchilar uchun qulay, xavfsiz va ijobiy ish muhiti yaratish, ular o'zlarini qulay his qilishlariga yordam beradi. Yaxshi tashkil etilgan ish muhiti stressni kamaytiradi va o'qituvchilarning professional samaradorligini oshiradi.

Xulosa

Kasbiy zo'riqish — bu o'qituvchilarning kasbiy faoliyatidagi muhim muammo bo'lib, ta'lim jarayonining samaradorligini pasaytirishi mumkin. O'qituvchilarga psixologik-pedagogik qo'llab-quvvatlash ta'lim tizimining barqarorligini ta'minlaydi va pedagoglarning professional rivojlanishiga yordam beradi.

O'qituvchilarning ruhiy salomatligini saqlash va kasbiy stressni kamaytirish uchun doimiy psixologik yordam, motivatsiya va o'zini anglashni rivojlantirishga katta e'tibor qaratish lozim.

Foydalanilgan adabiyotlar

1. Abdukarimova, Z. (2022). Pedagogik psixologiya asoslari. Toshkent: Ma'naviyat.

Ushbu manba pedagogik psixologiyaning asosiy tushunchalarini, o'qituvchilarning kasbiy faoliyatidagi ruhiy va emotsional omillarni tahlil qiladi.

2. Hasanboyeva, N. (2021). Kasbiy stress va uni yengish yoʻllari. Samarqand: Sanoat.

Kasbiy stressning sabablari va uning oʻqituvchilar uchun salbiy ta'sirlarini yengish usullari haqida ma'lumot beradi.

3. Vygotskiy, L. S. (2020). Pedagogik psixologiya. Moskva: Pedagogika.

# MUNDARIJA

1. Tuychiyeva Zulfizar Boxodir qizi — 6
2. Usmonova Elinur Keldiyor qizi — 13
3. Quramboyeva Diyora Ilhombek qizi — 22
4. Norullayeva Sabrina Samandar qizi — 31
5. Zikirova Baxtigul Iskandar qizi — 41
6. Suyunova Marjona Salohiddin qizi — 48
7. Qurolboyeva Maftuna Olimjon qizi — 55
8. Abdullayeva Dinora Tavakkal qizi — 63
9. Shomuratova Saltanat Osqar qizi — 64
10. Valiyeva Maftuna Bahodir qizi — 67
11. Nazarova Nozima Axmat qizi — 73
12. Elmurodova Gulibonu Bekzod qizi — 82
13. Rismetova Xilola Toirjonovna — 87
14. Mirkomiljon Darxanov — 95
15. Zikiryayeva Xurshidaxon Toxirjon qizi — 98
16. Uktamova Barchinoy Sherali qizi — 105
17. Mirzaaxmadova Sevinch — 114
18. Murodilova O'g'iloy Rustamjon qizi — 120
19. Rahmatova Sevinch Fazliddin qizi — 124
20. Ozodbek Narzullayev — 136

21. Muhammedjanova Sevaraxon Ulug'bek qizi 140
22. Ruzmetova Lobar Matnazarovna 144
23. Karimov Shoxruh Shuhrat o'g'li 151
24. Nasriddinova Malika Alisherovna 155
25. Ashuraliyeva Omadxon Sherali qizi 157
26. Ibrohim Xoliqulov 159
27. Murodilova Mushtariybonu Rustamjon qizi 162
28. Ahmadova Gulchiroy Umidjon qizi 165
29. Suyunova Marjona Bobir qizi 170
30. Farzona Hoshimova Ilhomjon qizi 173
31. Isropilov Aliakbar 179
32. To'raboyeva Ravshanoy Odilbek qizi 183
33. Adhamjonova Munavvara Elyorjon qizi 185
34. Setmuratova Malak 194
35. Xolmurodova Dinora 196

www.ingramcontent.com/pod-product-compliance
Lightning Source LLC
LaVergne TN
LVHW010322070526
838199LV00065B/5634